Bevölkerungsentwicklung in städtischen Agglomerationen

3. erweiterte Auflage

IRB−Literaturauslese Nr. 826

CIP-Titelaufnahme der Deutschen Bibliothek

Bevölkerungsentwicklung in städtischen Agglomerationen / ((Hrsg.: Informationszentrum Raum u. Bau d. Fraunhofer-Ges. (IRB). Red. Bearb.: Thomas Schloz)). - 3., erw. Aufl. - Stuttgart : IRB-Verl., 1991
(IRB-Literaturauslese ; Nr. 826)
ISBN 3-8167-0742-4
NE: Schloz, Thomas ((Red.)); Informationszentrum Raum und Bau (Stuttgart): IRB-Literaturauslese

Redaktionelle Bearbeitung:
Dipl.-Ing. Thomas Schloz
November 1990

Einführung

IRB-Literaturauslesen weisen themenbezogen Fachveröffent-
lichungen und laufende Forschungsprojekte nach. Die Hinweise
stammen aus den Literatur- und Forschungsprojektdatenbanken
des IRB.

Die Datenbanken des IRB: RSWB = Raumordnung, Städtebau,
Wohnungswesen, Bauwesen, eine Literaturdatenbank. ICONDA
= The CIB International Construction Database, eine englisch-
sprachige Literaturdatenbank. BAUFO = Bauforschungs-
projekte, eine Bauforschungsprojektdatenbank. FORS =
Forschungsprojekte Raumordnung, Städtebau, Wohnungs-
wesen, eine Forschungsprojektdatenbank. MONUDOC =
Monument Documentation, eine Fakten-Text-Datenbank zur
Denkmalpflege. BODO = Bauobjektdatenbank.

Die Register verweisen auf die laufende Nummer des Hinweises.

Neuauflagen erscheinen in der Regel spätestens nach drei
Jahren. Zwischenzeitlich können Aktualisierungsrecherchen in
Auftrag gegeben werden.

Der Katalog der IRB-Literaturauslesen führt über 2.500
verschiedene Themen an.

Individuelle Auftragsrecherchen können in Auftrag gegeben
werden, falls zu dem gewünschten Thema keine Literaturauslese
vorliegt.

Die Volltexte der nachgewiesenen Literaturstellen können
ebenfalls vom IRB beschafft werden. Es muß angegeben werden:
Der Titel, die Auflage der Literaturauslese und die Nummer
des Hinweises.

Aufträge sind zu richten an:
Informationszentrum RAUM und BAU (IRB)
der Fraunhofer-Gesellschaft
Nobelstraße 12
D-7000 Stuttgart 80
Telefon (0711) 9 70-25 00, Telefax (0711) 9 70-25 07,
Telex 7 255 167 irb d

Auswahl aus der Reihe der IRB-Literaturauslesen:

Nr. 2314 Arbeitsplatz- und Berufsmobilität,
2.erw. Auflage 1991
Nr. 2315 Sozialmobilität, 2.erw. Auflage 1991
Nr. 2587 Jugendkriminialität, 2.erw. Auflage 1991
Nr. 2588 Kriminalität im städtischen Raum,
2.erw. Auflage 1991
Nr. 2589 Kriminalität und Wohnbedingungen,
2.erw. Auflage 1991
Nr. 2852 Altenpläne und Altenhilfe

Mehr als 2500 Titel von IRB-Literaturauslesen sind im Katalog
IRB-Literaturauslesen enthalten. Der Katalog ist kostenlos zu
beziehen beim IRB Verlag, Nobelstraße 12,
D-7000 Stuttgart 80, Telefon (0711) 9 70-25 00,
Telefax (0711) 9 70-25 07, Telex 7 255 167 irb d

Zum Inhalt

Demographische Prozesse in Städten und größeren Gemeinden. Innerstädtische Bevölkerungsverschiebungen und Stadtrandwanderung. Hintergründe und Motive der Veränderungsprozesse. Wirtschaftliche und soziale Aspekte. Folgen für die Planung.

1 Landesentwicklungsplanung im Kreuzfeuer. Auswirkungen der Bevölkerungsentwicklung in Nordrhein-Westfalen bis 1990. Öffentliche Vortragsveranstaltung mit anschließender Podiumsdiskussion am 17.Februar 1978, im Saalbau Essen.

Nach einleitendem Referat über Prognosen zur Bevölkerungsentwicklung und regionalen Aspekten der prognostizierten negativen Bevölkerungsentwicklung in Nordrhein-Westfalen bis 1990, werden daraus resultierende mögliche demographische, infrastrukturelle, wirtschaftliche kommunale und andere fachspezifische Fragenkreise und Konzequenzen im Rahmen einer Podiumsdiskussion erörtert.

Düsseldorf: 1978. 40 S.
Hrsg.: Deutscher Verband für Wohnungswesen, Städtebau und Raumplanung e.V., Landesgruppe Nordrhein-Westfalen, Düsseldorf
IRB 8498

Rauch,Paul:
2 Wanderungsströme zwischen Großstädten.

Aus dem Vergleich der Wanderungen zwischen Großstädten mit den Wanderungen überhaupt ergibt sich, daß diese einerseits unterrepräsentiert, andererseits weniger konjunkturbeeinflußt sind.

In: Bericht über die 78. Tagung in Kiel
Kiel: 1978. S.423-430
Verband Deutscher Städtestatistiker (Tagung), Nr.: 78
Kiel (Deutschland, Bundesrepublik), 1978.
Hrsg.: Verband Deutscher Städtestatistiker -VDSt-, Kiel
BfLR X 26

3 **A new partnership to conserve America's communities. A national urban policy. (engl.)**

Washington/D.C.: 1978. ca.132 S.
BfLR C 12883

König,Karl:
4 **Zum Problem der Randwanderung in den Städten. Eine Modellstudie am Beispiel der Stadt Augsburg.**

Dem Wachstum großstädtischer Agglomerationen steht ein Bevölkerungsverlust in den Ballungszentren gegenüber. Am Beispiel der Stadt Augsburg wird versucht diese Vorgänge näher zu analysieren. Einleitend wird eine Abgrenzung des Randbereichs vorgenommen. Die Analyse der Randwanderung umfaßt das Volumen und die Struktur der Wanderungen im Zeitraum von 1960–1967. Abschließend werden die Bevölkerungsumschichtungen im Siedlungsraum Augsburg quantifiziert.

In: Boustedt,O.: Beiträge zur Frage der räumlichen Bevölkerungsbewegung

Hannover: Jänecke 1970. S.99–113
= Forschungs– und Sitzungsberichte der Akademie für Raumforschung und Landesplanung, Raum und Bevölkerung; 55/9.
Hrsg.: Akademie für Raumforschung und Landesplanung –ARL–, Forschungsausschuss Raum und Bevölkerung, Hannover
ILS A32/45

Baldermann,Udo:
5 **Wanderungsverlauf und Einzugsbereich westdeutscher Großstädte.**

Es wird das Wanderungsvolumen deutscher Großstädte der Jahre 1950–1965 dargestellt und kommentiert. Die Analyse der Wanderungsverflechtungen in der Bundesrepublik, unter besonderer Berücksichtigung der Großstädte brachte folgende Ergebnisse: 1. Die Intensisität der Verflechtungen nimmt bei großen Städten mit zunehmender Entfernung ab. 2. Bei einer Wanderung zwischen Großstädten spielt der

Faktor Entfernung eine geringere Rolle als bei der Wanderung zwischen Stadt und Land. 3. Die Ausdehnung des Einzugsbereiches wird von der Größe bzw. Attraktivität der Stadt entscheidend mitbestimmt.

In: Beiträge zur Frage der räumlichen Bevölkerungsbewegung
Hannover: Jänecke 1970. S.77–97
= Forschungs- und Sitzungsberichte der Akademie für Raumforschung und Landesplanung, Raum und Bevölkerung; 55/9.
Hrsg.: Akademie für Raumforschung und Landesplanung –ARL–, Forschungsausschuss Raum und Bevölkerung, Hannover
ILS A32/45

Siewert,Hans–Joerg:
6 **Lokale Elitesysteme. Ein Beitrag zur Theoriediskussion in der Community–Power–Forschung und ein Versuch zur empirischen Überprüfung.**

Die empirische Studie versucht, das lokale Entscheidungssystem einer finanzstarken süddeutschen Industriestadt (Reutlingen) darzustellen und zu hinterfragen. Dabei werden nicht nur Mitglieder des Politikbereichs befragt, sondern auch Entscheidungsträger im Wirtschafts-, Kultur- und Erziehungsbereich. Beschrieben werden Art und Ausprägung lokaler Macht-Entscheidungsstrukturen. Darüberhinaus wird der Frage nachgegangen, ob es einen örtlichen Konsens der "Eliten" in den verschiedenen Teilbereichen der Kommune gibt. Methodisch nähert sich die Arbeit über bislang entwickelte Ansätze hinaus dem Problem einer Strukturanalyse eines ausdifferenzierten lokalen Elitesystems mittels einer Verknüpfung bislang isoliert abgehandelter Theoriesegmente aus den Bindestrichsoziologien Gemeinde-, Gruppen- und Kriminalsoziologie.

Königstein: Hain 1979. 231 S.
phil.Diss.; Tübingen 1977
= Sozialwissenschaftliche Studien zur Stadt- und Regionalpolitik; 12.
SEBI 80/4995

Koschnick,Hans:
7 Stadtentwicklung aus kommunalpolitischer Sicht.

In: Stadtentwicklung als politischer Prozeß
Heidenheim/Brenz: 1978. S.9-31
= Heidenheimer Schriften zur Regionalwissenschaft; 4.
SEBI 80/5965

Göb,Rüdiger:
8 Bevölkerungsabnahme und kommunaler Handlungsspielraum.

In: Bevölkerungsrückgang - Risiko und Chance. Loccumer
bevölkerungspolit. Tag
Loccum: 1978. S.71-103
= Loccumer Protokolle; 23.
Hrsg.: Evangelische Akademie, Loccum
SEBI 80/1000-F4

Michel,Dieter:
9 Landesentwicklungspolitische Probleme bei abnehmender Gesamtbevölkerung.

In: Bevölkerungsrückgang - Risiko und Chance. Loccumer
bevölkerungspolit. Tag.
Loccum: 1978. S.172-182
= Loccumer Protokolle; 23.
Hrsg.: Evangelische Akademie, Loccum
SEBI 80/1000-F4

Ordemann,Hans-Joachim:
10 Bevölkerungsrückgang und Kommunalpolitik.

In: Bevölkerungsentwicklung und Kommunalpolitik
Baden-Baden: Nomos 1979. S.25-36
= Schriften der Friedrich-Naumann-Stiftung. Wissenschaftliche Reihe
SEBI 79/6688

Selke,Welf:

11 Die Bedeutung der regional differenzierenden Prognostik für die bevölkerungspolitische Diskussion.

In: Bevölkerungsentwicklung und Kommunalpolitik
Baden-Baden: Nomos 1979. S.47–62
= Schriften der Friedrich–Naumann–Stiftung. Wissenschaftliche Reihe
SEBI 79/6688

12 Wanderungsmotive. Ein Vergleich neuerer Untersuchungen für Berlin und andere Großstädte.

In: Motivation der Bevölkerungswanderung von bzw. nach Berlin.
Endbericht
Berlin/West: 1978. ca.90 S.
Hrsg.: Berlin/West, Senatskanzlei, Planungsleitstelle
BfLR C 13095

Böttcher,Hartwig:

13 Ballungsgebiete und räumliche Disproportionalitäten, BRD. Unterrichtseinheit für einen Grundkurs in der Sekundarstufe II.

Die vorliegende Unterrichtseinheit – zunächst als
Examensarbeit konzipiert – ist in überarbeiteter Form
veröffentlicht worden, mit dem Ziel, dazu beizutragen, dem
Monopol der Schulbuchverlage durch Selbstanfertigung
sogenannter "grauer" Unterrichtsmaterialien
entgegenzuwirken. Sie kann im Kurssystem der reformierten
Oberstufe im gesellschaftswissenschaftlichen Aufgabenfeld
eingesetzt werden unter dem Thema: Wirtschaftliche und
soziale Strukturen und Prozesse in ausgewählten
Industriestaaten. Das Ziel des Unterrichtsvorhabens ist es,
das Spannungsfeld von Ballungsgebieten und agrarisch
strukturierten Entleerungsgebieten zu beschreiben als Folge
der seit Beginn der Industrialisierung zu beobachtenden
räumlichen Differenzierungsprozesse. Somit liegt der
Schwerpunkt auf der Erarbeitung und Systematisierung der
ökonomischen Mechanismen des
Agglomerationsprozesses. Der Autor ist bemüht, das

Unterrichtsvorhaben besonders anschaulich darzulegen, um so eine optimale praxisorientierte Handhabung zu ermöglichen.

Göttingen: 1977. 69 S.
= Geographische Hochschulmanuskripte; 5.
Hrsg.: Gesellschaft Zur Förderung Regionalwissenschaftlicher Erkenntnisse e.V., Göttingen
SEBI 4-78/1683

Neurohr,W.:
14 **Positive Aspekte und Chancen des Bevölkerungsrückganges. Statt Konkurrenzkampf um Einwohnerzahlen neue Wertsetzungen in der Planungspolitik – Ein Appell an Planer, Politiker und Demographen, nach der Tendenzwende umzudenken.**

Der Verfasser wendet sich vor allem gegen die Phantasielosigkeit der Planer, die auf die Tendenzwende in der Bevölkerungsentwicklung lediglich mit dem Ruf nach aktiver Bevölkerungspolitik und der Forderung nach Erschließung neuer Einfamilienhausgebiete reagieren. Statt um Anpassungsstrategien und geringfügige Kursänderungen geht es seiner Meinung nach um eine grundlegende Neuorientierung aller Planungsziele und politischen Wertsetzungen weg von der Wachstumsorientierung zum Denken in Alternativen, die hier allerdings nicht näher beschrieben werden.

o.O.: 1979.
SEBI 80/3287-4

Böttcher,Hartwig:
15 **Ballungsgebiete und räumliche Disproportionalitäten, BRD. Unterrichtseinheit für einen Grundkurs in der Sekundarstufe II.**

Die vorliegende Unterrichtseinheit – zunächst als Examensarbeit konzipiert – ist in überarbeiteter Form veröffentlicht worden, mit dem Ziel, dazu beizutragen, dem

Monopol der Schulbuchverlage durch Selbstanfertigung sogenannter "grauer" Unterrichtsmaterialien entgegenzuwirken. Sie kann im Kurssystem der reformierten Oberstufe im gesellschaftswissenschaftlichen Aufgabenfeld eingesetzt werden unter dem Thema: Wirtschaftliche und soziale Strukturen und Prozesse in ausgewählten Industriestaaten. Das Ziel des Unterrichtsvorhabens ist es, das Spannungsfeld von Ballungsgebieten und agrarisch strukturierten Entleerungsgebieten zu beschreiben als Folge der seit Beginn der Industrialisierung zu beobachtenden räumlichen Differenzierungsprozesse. Somit liegt der Schwerpunkt auf der Erarbeitung und Systematisierung der ökonomischen Mechanismen des Agglomerationsprozesses. Der Autor ist bemüht, das Unterrichtsvorhaben besonders anschaulich darzulegen, um so eine optimale praxisorientierte Handhabung zu ermöglichen.

Göttingen: 1977. 69 S.
geogr.Examensarbeit; Göttingen 1977
= Geographische Hochschulmanuskripte; 5.
Hrsg.: Gesellschaft Zur Förderung Regionalwissenschaftlicher Erkenntnisse e.V., Göttingen
SEBI 4-78/1683

Langkau-Herrmann,Monika:
16 **Konzentration von Arbeitern und Ausländern in Großstadtinnenstädten am Beispiel der Stadt Köln. Ansatzpunkte für Maßnahmen zur Vermeidung einseitiger Bewohnerstrukturen.**

Die zunehmende Konzentration von Ausländern und sozial schwachen Gruppen in citynahen Wohngebieten von Großstadtinnenstädten, begleitet von einem Prozeß der Abwanderung höherer Einkommens- und Sozialschichten, gehört zu den gesellschaftlichen Problemen, die dringend einer Lösung bedürfen. In einer empirischen Untersuchung wird der Frage nach den Bestimmungsgrößen und dem Grad der Konzentration von Ausländern und Arbeitern in Großstadtinnenstädten an einem konkreten Beispiel, nämlich der Kölner Innenstadt, nachgegangen und ihre

Auswirkungen auf Abwanderungsneigung, Zufriedenheit und Toleranzverhalten der dort lebenden Bevölkerung untersucht. Daraus abgeleitet werden Ansatzpunkte für Maßnahmen zur Förderung einer ausgeglicheneren Bewohnerstruktur.

Opladen: Westdeutscher Verlag 1982. 489 S.
= Forschungsbericht des Landes Nordrhein-Westfalen, Fachgruppe Wirtschafts- und Sozialwissenschaften; 3120.
IRB 52Lan

Schwarz,Karl:
17 Die Bevölkerungsentwicklung in den Ballungsgebieten.

Die Bevölkerungsentwicklung der Ballungsgebiete wird für drei Zeiträume beschrieben, nämlich bis 1939, 1939-1950, 1950 bis zur Gegenwart (1961). Dabei wird auf die natürliche Bevölkerungsentwicklung, die Bevölkerungszunahme durch die Flüchtlingsströme und Wanderungen eingegangen. Besonders für den letzten Zeitraum wird zwischen direktem Stadtgebiet und Ballungsumland differenziert. Eine Vorausschätzung der Bevölkerungsentwicklung in Ballungsgebieten für die Jahre 1970, 1980 und 1990 beendet den Artikel.

In: Die Entwicklung der Bevölkerung in den Stadtregionen
Hannover: Jänecke 1963. S.23-63
= Forschungs- und Sitzungsberichte der Akademie für Raumforschung und Landesplanung, Raum und Bevölkerung; 22/2.
Hrsg.: Akademie für Raumforschung und Landesplanung -ARL-,
Forschungsausschuss Raum und Bevölkerung, Hannover
ILS A 32/22

Meyer,Thomas:
18 Siedlungs- und Wirtschaftsentwicklung am Südrand des Hamburg-Harburger Stadtgebietes.

Aufgabe dieser Untersuchung ist es, die Strukturwandlungen des südlichen Vorlandes Hamburgs seit der ersten Hälfte des 19. Jahrhunderts bis zur Gegenwart darzustellen, also das Hineinwachsen einer einst weithin agrarisch bestimmten Landschaft in den großstädtischen Einflußbereich und damit die Durchsetzung der ländlichen Bezirke mit städtisch-industriellen Elementen. Im wesentlichen werden drei Problemkreise aus dem Spannungsfeld der Beziehungen zwischen Stadt und Land behandelt: Die Siedlungs- und Bevölkerungsstruktur, die Industrie im großstädtischen Randbezirk und die Landwirtschaft in ihren Anpassungsformen an den Markt der nahen Großstadt. Die sozialgeographische Arbeit zeichnet die Entwicklungsgeschichte eines konkreten stadtnahen Kulturlandschaftsgebietes nach. Im siedlungsgeographischen Teil wird die Stadt Harburg, gegenwärtig Bestandteil des hamburgischen Staatsgebietes, knapp dargestellt. Im Zentrum der Arbeit steht eine Darstellung und Analyse des Verstädterungsprozesses ausgewählter, ehemals rein ländlicher Ortschaften, die nach Lage, Grad und zeitlichem Ablauf ihrer Überformung sowie hinsichtlich ihrer Selbständigkeit jeweils spezifische Typen abgeben. Im agrar- und industriegeographischen Teil werden in zwei zeitlichen Querschnitten die alten mit den heutigen Verhältnissen konfrontiert.

Hildesheim: 1966. VII,191 S.
math.-naturwiss.Diss.; Hamburg 1966
= Veröffentlichungen des niedersächsischen Inst. für Landeskunde u.Landesentwickl. a.d. Univ. Göttingen; Reihe A, Forschungen z.Landes- u.Volkskunde; 80.
SEBI U 939

Schwarz,Karl:
19 **Gegenwärtige Tendenzen der globalen und regionalen Bevölkerungsentwicklung.**

In: Bevölkerungsabnahme und räumliche Auswirkungen
Berlin/West: 1979. S.18–35
= Institut für Städtebau Berlin der Deutschen Akademie für Städtebau und Landesplanung; 15.
SEBI 79/2053-4

Marx,Detlef:
20 **Bewertung der Kernstadt-Randwanderung und Maßnahmen aus der Sicht der Kernstädte.**

In: Bevölkerungsabnahme und räumliche Auswirkungen
Berlin/West: 1979. S.169-202
= Inst. f. Städtebau Berlin d. Dt. Akad. f. Städtebau u. Landesplanung; 15.
SEBI 79/2053-4

Schwarz,Karl:
21 **Die Bevölkerungsentwicklung in den Ballungsgebieten.**

Zeitreihenanalyse der Bevölkerungsentwicklung in den Verdichtungsräumen der Bundesrepublik Deutschland nach Gemeindegrößenklassen für die Zeit bis 1939, von 1939 bis 1950 und seit 1950 und Prognose bis 1990. Die Ballungstendenzen, die mit der Industriealisierung einsetzten und sich – zeitlich und regional unterschiedlich – fortsetzten, hatten zur Folge, daß 1961 etwa 50 Prozent der Gesamtbevölkerung in Stadtregionen lebten. Für die Zukunft zeichnet sich eine Verlangsamung des Zuwachses der großen Kernstädte ab. Dies gilt nur für den Kern, während sich die Randzonen der Stadtregionen, insbesondere die Nahverkehrsbereiche, weiter verdichten und räumlich ausdehnen.

In: Die Entwicklung der Bevölkerung in den Stadtregionen
Hannover: Jänecke 1982. S.28-63
= Forschungs- und Sitzungsberichte der Akademie für Raumforschung und Landesplanung, Raum und Bevölkerung; 22/2.
ARL 76/135

Zerweck,Peter:
22 Auswirkungen und Konsequenzen kleinräumiger Bevölkerungsmobilität im kommunalen Planungsbereich soziale Infrastruktur.

In: Stadt-Umland-Wanderung und Betriebsverlagerung in Verdichtungsräumen
Dortmund: 1981. S.89-114
= Dortmunder Beiträge zur Raumplanung; 23.
Hrsg.: Univ. Dortmund, Institut für Raumplanung -IRPUD-
SEBI 82/3401

23 Geburt einer Großstadt. Einhundert Jahre kreisfreie Stadt Dortmund. 1875-1975.

Dortmund: 1975. 28 S.
Hrsg.: Stadtarchiv Dortmund
SEBI 75/2142

Kausel,Teodoro:
24 Zur Bestimmung von Zielen für die räumliche Bevölkerungsverteilung – ein nichtlineares Programmierungsmodell.

Eines der wichtigsten Probleme der Raumordnung – vor allem für viele Entwicklungsländer – ist die zunehmende Konzentration der Bevölkerung in wenigen Ballungsräumen bei gleichzeitiger Entleerung anderer Teilgebiete. Dieser Prozeß führt zu sozialen Erosionen in den Abwanderungsräumen und zu sozialen Konflikten, wegen der Engpässe der Infrastruktur, in den Zuwanderungsräumen. Aufgabe der Raumordnungs– und der Regionalpolitik ist es, in diese Entwicklung korrigierend einzugreifen. In der Untersuchung wird am Beispiel Chiles ein multiregionales Programmierungsmodell vorgestellt, welches die Theorie der Zentralen Orte aufgreift und von daher für jeden Wirtschaftssektor den optimalen Standort bezüglich der Produktions– und Transportkosten bestimmt. Jedem Standort wird die optimale räumliche Beschäftigungs– und Bevölkerungsverteilung in Form von (wünschenswerten oder anzustrebenden) Soll- Werten zugewiesen.

Münster: 1980. X,164 S.

wirtsch.Diss.; Münster 1979/80

= Beiträge zum Siedlungs- und Wohnungswesen und zur Raumplanung; 58.

Hrsg.: Univ. Münster/Westf., Institut für Siedlungs- und Wohnungswesen

SEBI 81/1852

25 Raumordnung durch Regionalpolitik und Raumplanung im Planungssystem Schwedens.

Jeweils kurz werden die planerischen Rahmenbedingungen, die Entwicklung von Regionapolitik und Raumplanung sowie die Leitbilder, Träger und Organisation der verschiedenen Planungsebenen dargestellt. Schwerpunktmäßig wird auf Ziele und Instrumente der wesentlichen raumbezogenen Planungen eingegangen. Vorrangiges Ziel ist die Schaffung gleichwertiger Lebensverhältnisse in allen Landesteilen. Den veränderten Rahmenbedingungen wird mit neuen Planungsgesetzen, -verfahren und -techniken sowie einer "neuen Planungsphilosophie" zu begegnen versucht: wachsende Bedeutung der Regionalbehörden und Gemeinden, Dezentralisation, Solidarität.

In: Raumordnung und Regionalplanung in europäischen Ländern. Tl.2. Skandinavien

Hannover: Schrödel 1981. S.18-42

= Forschung- und Sitzungsberichte der Akademie für Raumforschung und Landesplanung, Beiträge; 54.

Hrsg.: Akademie für Raumforschung und Landesplanung -ARL-, Hannover

IRB 59Rau

26 Familien- und Jugendpolitik in den Gemeinden.

Fragen der "kinderfreundlichen Umwelt", der finanziellen Hilfen für Familien und der beruflichen Perspektiven von Jugendlichen stehen im Mittelpunkt des Referates von Antje

Huber. Möglichkeiten praktischer Politik im Hinblick auf die derzeitige Situation von Familie und Jugend zeigt J.Th. Blank auf. Dabei werden insbesondere Maßnahmen auf dem Gebiet der Umweltplanung, der Freizeitgestaltung, des Wohnungsbaus, der Erziehungsbeihilfen und der Drogenbekämpfung angesprochen. Das grundsätzliche Problem der heutigen Jugend, den Konflikt zwischen Aufbruch und Verweigerung, spricht der Bundesminister für Jugend, Familie und Gesundheit im dritten Beitrag des Bandes an.

Göttingen: Schwartz 1982. 100 S.
= Schriftenreihe des Deutschen Städte- und Gemeindebundes; 38.
Hrsg.: Deutscher Städte- und Gemeindebund –DSTgb–, Düsseldorf
SEBI 82/2570

Lewis,Carol:
27 **Soviet urban management, with comparisons to the United States.** (engl.)

Die Krise der Großstädte, ihr Bevölkerungsverlust in den USA, ihr Bevölkerungszuwachs und Versorgungsdefizit im Nahen Osten, ist Ausgangspunkt der Untersuchung Lewis'. Der Bevölkerungszuwachs der Großstädte als Folge der industriellen Revolution ist in den industriell weniger entwickelten Ländern noch im Ansteigen begriffen, während erschwingliche und schnelle Transportmittel in Amerika die Abwanderung in Vorstädte oder nicht–städtische Gebiete unterstützen. Auch die Industrie ist z. T. nicht mehr auf Ballungszentren angewiesen, da die Produktion zunehmend weniger arbeitsintensiv ist und der Informationsfluß billiger und extensiver wird. Wie diesen Krisen der Großstädte Verwaltungsmaßnahmen entgegengesetzt werden, welche Formen des Krisenmanagements entwickelt werden und wie sich diese Formen spezifisch unterscheiden, soll die Untersuchung sowjetischer Verhältnisse im Vergleich zu amerikanischen Verhältnissen zeigen.

New York: Präger 1979. 216 S.
SEBI 80/6377

Schilling,Heinz; Rambalski,Birgitt; Wnuck,Gabriele; Wnuck, Bernd:
28 **Kulturbedürfnisse und Kulturzufriedenheit in einem Dorf im Ballungsraum Rhein-Main.**

Frankfurt/Main: 1983. 252 S.
= Notizen; 13.
Hrsg.: Univ. Frankfurt/Main, Institut für Kulturanthropologie und Europäische Ethnologie
SEBI 84/953

29 **Statistisches Jahrbuch 1983 der Stadt Nürnberg.**

Nürnberg: 1983. 131 S.
Hrsg.: Nürnberg, Amt für Stadtforschung und Statistik
SEBI Zs 1811-1983-4

Erkens,-; Glöckner,-; Naumann,Ulrich:
30 **Köln-Projekt, Bericht und Diskussion der Konzeption und der praktischen Anwendung und Anwendungsbeispiele ADV-gestützter Problemlösungen.**

In: Jahresbericht 1975. Hrsg.: Verband Deutscher Städtestatistiker
Nürnberg: 1975. S.196-201
SEBI Zs 383-75

Kreibich,Volker:
31 **Anforderungen an die Kommunalstatistik bei der Konzipierung und beim Einsatz kleinräumlicher Prognosemodelle zur Bevölkerungsentwicklung.**

Der Verfasser versucht eine Systematik der verschiedenen Prognosemodelle nach Problemlage, Aggregatstufe, Einflußgrößen und benutzten Verfahren anzugeben. Er beschreibt die benötigten Datenbereiche und -Strukturen und folgert, daß die Kommunalstatistik vordringlich Wohnungs- und Baurechtsdateien aufzubauen und Daten über Mobilität und den Zusammenhang Wohnungsbestand/

regionale Haushaltsstruktur bereitzustellen habe. Ferner äußert er Wünsche zu den Programmstrukturen der Prognosemodelle.

In: Jahresbericht 1976. Hrsg.: Verband Deutscher Städtestatistiker
Berlin/West: 1976. S.402–406
SEBI Zs 383–76

32 Laufende Raumbeobachtung. Aktuelle Daten zur Entwicklung der Städte, Kreise und Gemeinden 1984.

Der Bericht informiert Politiker und Verwaltungen auf den verschiedenen räumlichen Ebenen über regionale Entwicklungsunterschiede und regional unterschiedliche Entwicklungsverläufe. Die Informationen sind dazu in Form von thematischen Karten und zeitreihendiagrammen aufbereitet und dargestellt. Kurze textliche Erläuterungen geben zusätzliche Anregungen für eine eigenständige Interpretation der Ergebnisse. In einem umfangreichen Anhang wird in Tabellenform eine Fülle von Daten für einzelne Städte, Kreise und Gemeinden angeboten.

Bonn: 1984. 141 S.
= Seminare, Symposien, Arbeitspapiere; 17.
Hrsg.: Bundesforschungsanstalt für Landeskunde und Raumordnung
–BfLR–, Bonn
SEBI 85/4034–4

Thieme,Karin:
33 Die Attraktivität der Altstadt. Neue Auswirkungen kommunaler Investitionen auf den Wandel historischer Altstädte.

Wie in anderen deutschen Großstädten wurde auch in Augsburg versucht, die massive Abwanderung von Bewohnern aus der Altstadt und die folgende Verödung der innerstädtischen Wohngebiete durch eine Sanierung zu bremsen. Dieser Prozeß ist für Augsburg für den Zeitraum 1976 bis 1986 mit beispielhafter Akribie dokumentiert worden. Auf diesem Material fußt die Analyse der Autorin über die Folgewirkungen der Investitionen in die Sanierung der historischen Wohnhandwerkerquartiere. Durch öffentliche Investitionen von Bund, Land und Stadt floss Geld in 102 verschiedene Projekte. Diese Investitionen in Höhe von ca. 56 Millionen initiierten zusätzliche private Investitionen von ca. 63 Millionen. Dabei betrug der Anteil der städtischen Aufwendungen für das Gesamtprojekt nicht mehr als ein Elftel der Gesamtsumme. Über die baulichen und infrastrukturellen Verbesserungen hinaus lässt sich nicht nur feststellen, daß die Einwohnerzahlen erstmals wieder ansteigen; die Zahl der Ausländer ging relativ zurück. Außerdem hat sich die sanierte Altstadt deutlich verjüngt. Gleichzeitig ist eine deutliche Verschiebung der Bewohner von der Arbeiterschaft zu mittleren und höheren Einkommensschichten zu verzeichnen.

Augsburg: 1987. 192 S.
Diss.; Augsburg 1987
= Beiträge zur angewandten Sozialgeographie; 14.
Hrsg.: Univ. Augsburg, Naturwissenschaftliche Fakultät, Geographie, Lehrstuhl für Sozial- und Wirtschaftsgeographie
SEBI 88/3591-4

Bähr,Jürgen; Gans,Paul:
34 **Bevölkerungsveränderungen und Migrationsmuster in den Großstädten der Bundesrepublik Deutschland seit 1970.**

In: Die Städte in den 80er Jahren. Hrsg.: J.Friedrichs.
Opladen: Westdeutscher Verlag 1985. S.70-116
SEBI 85/1578

Droth,Wolfram; Dangschat,Jens:
35 **Räumliche Konsequenzen der Entstehung "neuer Haushaltstypen".**

In: Die Städte in den 80er Jahren. Hrsg.: J.Friedrichs.
Opladen: Westdeutscher Verlag 1985. S.147-180
SEBI 85/1578

Herlyn,U; Krämer,J.; Tessin,W.; Wendt,G.:
36 Sozialplanung und Stadterneuerung. Analyse der kommunalen Sozialplanungspraxis und konzeptionelle Alternativen.

Ergebnisse einer Forschungsarbeit über die Aufstellung des Sozialplans nach StBauFG, angeregt und beraten vom Innenministerium NRW, durchgeführt von Soziologen unter Berücksichtigung von Erfahrungen aus 4 exemplarischen Sanierungsfällen in NRW (Kleinstadt, Mittelstadt,Großstadt citynah bzw.cityfern). Es werden analytische Überlegungen zur Bedeutung der Sozialplanung für die Stadtentwicklung und insbesondere für die Stadterneuerung angestellt. Es wird ausführlich auf die verschiedenen Sanierungsphasen eingegangen. Daneben werden praktische Konzepte einer Sozialplanung unter weitgehender Beteiligung der Betroffenen vorgestellt.

Stuttgart: Krämer 1976. II,366 S.
= Beiträge zur Umweltplanung
IRB 65-Her-4741

37 A new partnership to conserve America's communities. A national urban policy. (engl.)
(Eine neue Form der Partnerschaft zur Erhaltung der Gemeinden in Amerika. Eine nationale Stadtpolitik)

Washington/D.C.: 1978. ca.133 S.
Hrsg.: United States, Urban And Regional Policy Group -Urpg-
BfLR C12504

Deckert,Peter:
38 Der Umzug ins Grüne – Abstimmung mit den Füssen?

Mögen die allgemeinen Erklärungen für Abwanderungserscheinungen – mangelnde Wohnqualität, niedrige Baulandpreise, Umwelteinflüsse, Lärmbelästigung, Wohnen im Grünen usw. – naheliegend und plausibel erscheinen, empirische Untersuchungen über Abwanderungsentscheidungen und ihre Hintergründe lagen

bis in jüngster Zeit für kaum eine Großstadt in der
Bundesrepublik vor. Der Autor erläutert an einer
Untersuchung der Kernzone, der inneren Stadtzone, der
äußeren Stadtzone und des weiteren Umlandes der Stadt
Hannover die Gründe für die Wanderungsentscheidungen
in beiden Richtungen.

In: Stadtforschung und Stadtplanung.
Opladen: Westdeutscher Verlag 1977. S.59–86
= Transfer; 3.
IRB 8117

39 Cities in change – Studies in the urban condition. 3. Aufl. (engl.)
(Die Veränderung von Städten – Studien über den Zustand
der Stadt)

Besonders die nicht materielle Struktur Stadt ist ständigen
Veränderungen unterworfen. Die Interaktionen und
Interdependenzen zwischen den Stadtfunktionen führen zur
Veränderung von städtischer Gesellschaft, städtischer
Lebensform, führen zu veränderten Sozialstrukturen oder
–problemen, zur Frage nach der Bewohnbarkeit der Stadt,
zu neuen Formen der Politik, der Wirtschaftsstruktur der
Stadt und vielen ähnlichen Fragestellungen. Diese
Anthologie mit 43 Beiträgen verschiedener Verfasser
generiert in logischer Vorgehensweise die Entstehung der
Stadt, ihre Veränderung – besonders in unserer Zeit – und
bietet einen Ausblick auf die Zukunft der Stadt und der
städtischen Gesellschaft.

Boston/USA: Allyn and Bacon 1974. XVI,716 S.
IRB 52Wal7550

Strohmeier,Klaus-Peter:
40 Soziale Räume und die Umweltbeziehungen von Großstadtfamilien.

In: Grundlagen lokaler Sozialpolitik. Sozialökologische Beiträge zur
Entwicklung von Alternativen
Weinheim: Beltz 1983. S.87-123
= Beltz-Monographien.
SEBI 83/1596

Klaassen,Leo H.:
41 Plädoyer für kommunale Wirtschaftspolitik.

75 Prozent der industriellen Produktion vollzieht sich in
Stadtgebieten. Dennoch ist die Datenlage auf dieser Ebene
mangelhaft. Dies und die Tatsache, daß es sich bei der
Stadtwirtschaft um ein sehr offenes Wirtschaftsmodell
handelt erschweren das Studium der Stadtwirtschaft und
erschweren eine effektive kommunale Wirtschaftspolitik.
Kommunale Wirtschaftspolitik muß die jeweilige
Wirtschaftsstruktur und deren jeweilige Stabilität und
Wachstumskraft berücksichtigen. Diese Zusammenhänge
und deren Auswirkungen auf Bevölkerungswachstum und
Flächenwachstum der Stadt zeigt der Autor auf. Außerdem
nennt er Möglichkeiten zur Steuerung dieser Prozesse.

In: Urbanität. Plan oder Zufall. Stadtentwicklung als Aufgabe.
Leverkusen: 1968. S.49-70
= Beiträge zur Stadtforschung, Hamburg; 3.
Hrsg.: Leverkusen, Amt für Statistik und Wahlen
ILS C 2603

Sabais,Heinz Winfried:
42 Darmstadt heute und morgen. Stadtentwicklung 1971-1981. Rede in der Stadtverordnetenversammlung am 27.Januar 1977.

In der Rede vor der Stadtverordnetenversammlung 1977
gibt der Bürgermeister Heinz Winfried Sabais einen
detaillierten Überblick über die Situation der Stadt Darmstadt

aus regierungspolitischer Sicht mit den entsprechenden Ausblicken für die zukünftige Politik. Der Bestand der Einwohnerschaft und der Siedlungsstruktur wird wegen seiner rückläufigen Tendenzen als Schwächung der Finanzkraft der Stadt angesehen. Als Hauptaufgabe der Wirtschafts- und Arbeitsmarktpolitik werden die Schaffung von Ausbildungsplätzen und die Ansiedlung von Verwaltung und wissenschaftsorientiertem Gewerbe gesehen, sowie der Ausbau von Infrastruktureinrichtungen. Auf die Infrastruktureinrichtungen geht Sabais noch jeweils gesondert ein, wobei er dem Bildungsbereich, dem Freizeitbereich, dem Altenbereich und dem Kulturbereich verhältnismäßig größeren Raum einräumt.

Darmstadt: 1977. 32 S.
Hrsg.: Darmstadt, Presse- Und Informationsamt
SEBI 78/220

Schland**e**r,Otto:
43 **Offenbach am Vorabend des Ersten Weltkriegs.**

Offenbach: 1979. 114 S.
= Offenbacher Geschichtsblätter; 29.
Hrsg.: Offenbacher Geschichtsverein
SEBI 80/350

44 **Demographische Planungsinformationen. Theorie und Technik. Zu Ehren von Josef Glowinski.**

Berlin: Kulturbuch 1979. 374 S.
Hrsg.: Berlin/West, Statistisches Landesamt
SEBI 80/3767

Brech,Joachim:
45 **Anlässe und Ausmaß städtischer Wanderungsbewegungen.**

Die innerhalb der Städte und der Stadtregionen, vor allem der Ballungsgebiete stattfindende

Bevölkerungsbewegungen sind in erster Linie ökonomisch bedingt, und zwar durch die Trennung von Wohnung und Arbeits- oder Ausbildungsplatz. Die zweite Form der innerörtlichen und regionalen Bevölkerungsbewegung, der Umzug, erscheint eher nichtökonomisch, als vielmehr durch das Bestreben nach einem besseren Wohnstandort bestimmt. Da die Umweltbedingungen und der Wohnungsmarkt aber insgesamt nicht verbessert wurden, bleiben die wichtigsten Faktoren der Stadt-Umland-Wanderung bestehen. Partielle Modernisierungsmaßnahmen werden diesen Prozeß nicht aufhalten können.

In: Wohnen zur Miete
Weinheim: Beltz 1981. S.176–191
IRB 58Woh

König,Rene; Bolte,K.M.; Daheim,H.; Fürstenberg,F.; Heberle,R.; Horstmann,K.; Hoselitz,B.F.; Hummell,H.J.; Kötter,H.; Luckmann,T.; Luthe,H.O.; Mayntz,R.; Merrill,R.S.; Pflanz,M.; Roghmann,K.; Rokkan,S.; Rosenmeyer,L.; Sack, F.; Scherhorn,G.; Scheuch,E.K.:

46 **Handbuch der Empirischen Sozialforschung. Zweiter Band. Vierter Teil. Ausgewählte Gebiete der Empirischen Soziologie.**

Mit dem vorliegenden zweiten Teil des Handbuchs werden ausgewählte Proben aus der modernen Sozialforschung zu folgenden Themen vorgelegt: Vertikale Mobilität; horizontale Mobilität; Hauptgebiete der Jugendsoziologie; Soziologie der Familie; Soziologie des Alters; Soziologie der Berufe; Industriesoziologie; Soziologie der Organisation; Militärsoziologie; Sozialer Wandel in unterentwickelten Ländern; Stadt-Land-Soziologie; Großstadt; Massenkommunikation; Soziologie der Freizeit; Soziologie des Konsums; zum Problem der Wahlsoziologie; Soziologie der Vorurteile; Kriminalsoziologie; Soziologie der Sprache; Religionssoziologie; Medizinsoziologie; psychologische

Ansätze zu einer Theorie des Verhaltens.

Stuttgart: Enke 1969. XXI,1396 S.

ILS B 5/2

Jung,Roland:
47 **Migration und Siedlungsstruktur. – Zum Zusammenhang zwischen Sozioökonomischen Status, Stellung im Lebenszyklus der Migranten und sozialräumlicher Differenzierung. Dargestellt am Beispiel der Stadt Trier.**

Unter dem Aspekt stadtplanerischer Beeinflussungsmöglichkeiten interessieren vor allem die Wechselbeziehungen zwischen räumlichen Strukturmerkmalen und dem unterschiedlichen Wanderungsverhalten. In diesem Zusammenhang ist es wichtig zu wissen, inwieweit Migrationsprozesse zur Veränderung bzw. Stabilisierung bestimmter Raumstrukturen beitragen, wodurch diese Prozesse verursacht werden und welche Konsequenzen die Stadtentwicklunsplanung daraus ziehen kann. Die sozialräumliche Gliederung der Bevölkerung ist gleichzeitig Ausdruck und Bestimmungsfaktor raumspezifischer Wanderungsverhaltens unterschiedlicher Bevölkerungsgruppen. Dieses raumspezifische Wanderungsverhalten schließt wiederum Segregationsprozesse ein, die zur Umschichtung der Bevölkerung führen.

Stuttgart: IRB Verlag 1970. 299 S.

IRB T 857

Lins,Josef:
48 **Entwicklungstendenzen empirischer Segregationsforschung.**

Die soziale Segregation, hier gefaßt als das Phänomen der physisch–räumlichen Distanz von Bevölkerungskategorien im urbanen Raum, wurde Gegenstand der Forschung mit dem Entstehen der Stadtsoziologie. Die theoretischen Hauptlinien interpretieren das Phänomen ökologisch, aus gesellschaftlichen Entwicklungstrends (Social Area Analysis), faktorenanalytisch oder als räumliches Abbild sozialer Distanz (schichtspezifisch). Die empirischen Studien zielen meistens auf die Erforschung der Erscheinungsformen von Segregation, und zwar entweder auf die empirisch fassbaren Dimensionen oder auf die Feststellung systematischer Zusammenhänge zwischen diesen Dimensionen und dem Stadt–Raum.

Linz: 1977. 52 S.
= Beitr.z.Sozialforsch.; 11.
ILS D 4007

49 Probleme der Großstädte.

Die heutige Situation der Großstädte wird von der Stadt–Umland–Wanderung geprägt. Überwiegend mobile und einkommensstarke Bevölkerungsgruppen verlassen die Kernstädte und ziehen in erster Linie in das Umland. Das ganze Ausmaß der negativen Entwicklung wird zur Zeit lediglich durch einen verstärkten Ausländerzuzug in die Großstädte verdeckt. Die Einwohnerverluste führen nicht etwa zu einer "Gesundschrumpfung" der Ballungszentren, sondern verursachen vielmehr erhebliche Folgewirkungen: Der Wegzug der besser Verdienenden senkt die Einnahmen und schwächt die Finanzkraft. Steigende Arbeitslosenzahlen, hohe Ausländeranteile, sinkende Erwerbstätigenzahlen verschlechtern zudem die Sozialstruktur. Andererseits bedeuten geringere Einwohnerzahlen keine verminderten Kosten bei den oberzentralen Einrichtungen. Vermehrtes Sparen bei der Infrastruktur geht letztlich zu Lasten der Bürger – auch des Umlandes – und verringert die Attraktivität und Ausstrahlung der Großstadt. Mit dieser Analyse soll der Umverteilungsprozeß zwischen den Großstädten und den Umlandgemeinden am Beispiel der kreisfreien Städte und kreisangehörigen Städte und Gemeinden des Regierungsbezirks Arnsberg, insbesondere aber am Beispiel der Großstadt Dortmund und ihres Umlandes,

aufgezeigt und bewertet werden. Darüberhinaus will das
Papier Möglichkeiten der Gegensteuerung aufzeigen.

Dortmund: 1982. 59 S.
= Schriftenreihe zur Stadtentwicklung (Dortmund); 2/1982.
Hrsg.: Dortmund
ILS C 4281

Meyer,Gerd:
50 **Stadtteilarbeit in der Kritik. Anspruch und Praxis.**

Die Stadtteilzentren nehmen eine Mittlerstellung ein
zwischen traditionellen Instituten wie Volkshochschule,
gewerkschaftlichen Bildungseinrichtungen,
Veranstaltungszentren. Bei der Zielgruppenarbeit müssten
die von der traditionellen Kulturpolitik benachteiligten
Bevölkerungsgruppen im Vordergrund stehen: die abhängig
Beschäftigten. Denn Arbeitnehmerfamilien der unteren
Einkommensgruppen sind auf kostengünstige Angebote
angewiesen. Daher besteht die Aufgabe, Angebote zu
entwickeltn, die die allgemeinen gesellschaftlichen und
politischen Entwicklungen einbeziehen, insbesondere, wenn
sie im kommunalen Bereich ihren Niederschlag finden
(Sanierung, Nahverkehrskonzepte, Rationalisierung usw.).

In: Stadtteilkultur
Hagen: 1981. S.123–127
= Dokumentationen – Kulturpolitische Gesellschaft e.V.; 12.
Hrsg.: Kulturpolitische Gesellschaft e.V., Hagen
ILS C 4285

51 **Fortschreibung des Stadtentwicklungsplanes 1983.
Bericht zur Fortschreibung 1985 –Bevölkerung und
wirtschaftliche Situation–.**

Die Berichte zur Bevölkerungsentwicklung und zur
wirtschaftlichen Situation in München dienen zur
Überprüfung und Fortschreibung des
Stadtentwicklungsplans 1983. Die Berichte enthalten dabei
neben Hinweisen auf die Ausgangslage eine Beschreibung

eingeleiteter bzw. vorgesehener Schritte zur Konkretisierung der Zielvorstellungen des Stadtentwicklungsplans 1983. Es zeigt sich, daß sich die Planungen als brauchbar erwiesen haben und fortgeführt werden können. Neben Daten zur quantitativen, strukturellen und räumlichen Entwicklung Münchens zeigt der Bericht die Stadt im Städtevergleich und analysiert mittel- und längerfristige Entwicklungstendenzen und -probleme.

München: 1985. 59 S.
Hrsg.: München, Referat für Stadtplanung und Bauordnung
SEBI 84/328-Fortschr.1985-4

Thieme,Werner; Blumenthal,Thomas:
52 **Die Auswirkungen einer Behördenverlegung auf die Sitzgemeinde. (Ref.engl.,franz.)**

Durch die kommunale Gebietsreform, die nicht nur eine Gebietsreform war sondern auch Reform der Kreise, ging die Zahl der Kreise um 190 auf 235 Kreise zurück. Zahlreiche Städte verloren also ihre Eigenschaft als Sitz einer Kreisverwaltung. Die Untersuchung über die Auswirkungen der Behördenverlegung auf eine Gemeinde basiert auf empirischen Erhebungen und der Verwendung eines quantifizierten Modells. Neben nicht messbaren Bedeutungsverlusten (sozialer Status, kultureller Bereich) weisen die Autoren ein langfristiges (ca. nach Ablauf von ein bis zwei Generationen) Sinken der Bevölkerungszahl und der Wirtschaftskraft nach. Bei einer Verlegung einer Behörde mit 200 Bediensteten aus einer Beispielsgemeinde von 10.000 Einwohnern sinkt danach das Nettosozialprodukt durch Wegfall von Einkommen und Umsätzen jährlich um 10 Mio. DM. Die langfristige Einwohnereinbusse liegt bei 16-18 Prozent.

Baden-Baden: Nomos 1983. 129 S.
= Die Kommunale Gebietsreform; 5,2.
SEBI 83/2285

Hawlik,Johannes; Hofbauer,Ernst:
53 Fremde in Wien.

Im Jahre 1981 waren 113.405 Personen mit ausländischer
Staatsbürgerschaft bzw. ohne Staatsbürgerschaft in Wien
polizeilich gemeldet. Bezogen auf die Einwohnerzahl Wiens
bedeutet dies eine Ausländerquote von 7,5 Prozent. Im
Vergleich zu anderen Großstädten im deutschsprachigen
Raum ist die Wiener Ausländerquote gering. Trotzdem ist
der Fremdenhass, die Angst vor "Überfremdung" in Wien
extrem gestiegen. Dieses Heft beschreibt einleitend anhand
von eindrucksvollen Beispielen die Arroganz der Mehrheit
der Wiener Bevölkerung, um dann auf die Situation der
Ausländer in der Stadt näher einzugehen. Es betrachtet die
ethnische und soziale Struktur der Ausländer, geht auf
Eheschließungen und Geburten ein und beschäftigt sich mit
den ausländischen Schülern, Kindern und Studenten. Es
wird zu einem Plädoyer gegen die Selbstgefälligkeit der
Wiener und zugunsten einer Anerkennung der
ausländischen Gastarbeiter als Wiener Mitbürger.

Wien: 1982. 86 S.
= Kommunalpolitische Schriftenreihe des Dr.Karl Lüger-Institut der Wiener
Volkspartei.
Hrsg.: Wiener Volkspartei, Dr. Karl Lüger-Institut
SEBI 84/204

54 Probleme der Stadtentwicklung; Berichte der Konferenz von Dienststellen der Stadtentwicklungsplanung des Deutschen Städtetages über die Aufgaben der Gemeinde-Entwicklungsplanung und zur Stadt-Umland- Wanderung.

Die vorliegende Schrift gibt im wesentlichen zwei Beiträge
der Konferenz wieder. Ihnen ist das Eröffnungsreferat von
Ernst Finkemeyer zur Geschichte und zum Verständnis von
Stadtentwicklungsplanung vorangestellt. Der erste Beitrag
stellt die aktuellen Aufgaben der Stadt- bzw.
Gemeindeentwicklungsplanung, die je nach Größe und
Planungsstand der Verwaltung differenziert wahrgenommen

werden, zusammen und begründet sie. Die zweite Arbeit
befaßt sich mit den Ursachen und Folgen der
Stadt-Umland-Wanderung sowie mit den möglichen
Instrumenten zu ihrer Beeinflussung. Die Arbeit mündet in
Schlußfolgerungen und Empfehlungen.

Köln: 1981. 89 S.
= DST-Beitr.z.Stadtentwicklung R.E.; 9.
Hrsg.: Deutscher Städtetag -DST-, Köln
ILS C 3826

Kromer,Wolfgang:
55 **Propagandisten der Großstadt. Die Bedeutung von
Informationsströmen zwischen Stadt und Land bei der
Auslösung neuzeitlicher Land-Stadt-Wanderungen,
illustriert an Beispielen aus dem Hohenloher
Land/Baden-Württemberg und den benachbarten
Zentren Frankfurt am Main, Mannheim, Nürnberg und
Stuttgart. (Ref.dt.)**

Die Uranisierung, d. h. die zunehmende Konzentrierung der
Bevölkerung in den Städten (insbesondere in den
Großstädten) und die Ausbildung riesiger urbaner Zentren
hat sich in den vergangenen zwei Jahrhunderten im
europäischen und außereuropäischen Raum stark
beschleunigt. Das Wachstum der Städte steht in enger
Beziehung zu den Migrationsprozessen, die im Hinblick auf
die Land-Stadt-Migrationen und hier insbesondere in
bezug auf die Bedeutung des Kommunikationsfaktors bei
der Erklärung von Migrationsströmen Gegenstand dieser
Untersuchung sind. Vor dem Hintergrund
regionenunspezifischer sozialgeschichtlicher und
sozioökonomischer Betrachtungen von historischen
Mobilitätsströmen bzw. Land-Stadt-Bewegungen werden
migrationsbezogene Kommunikationsprozesse in ländlichen
Gemeinden Deutschlands um die Jahrhundertwende bis
1939 untersucht. Personen aus der ländlichen Unterschicht
kommen hier im Stile de "Oral History" zu Wort. Der Prozeß
der Abwanderung vom Lande in die Großstadt beruht in
besonderem Masse auf dem Wirken von "Propagandisten",
die "Bilder" und Informationen über "ihre" Großstadt im

ländlichen Heimatort verbreiten und dadurch
Abwanderungen anregen.

Frankfurt/Main: P.Lang 1985. 405 S.
wirtsch.Diss.; Mannheim 1981
= Europäische Hochschulschriften, Reihe 3, Geschichte und ihre
Hilfswissenschaften; 239.
SEBI 86/1720

56 **Ältere Menschen in Großstädten. Ergebnisse einer
Repräsentativerhebung in Baden-Württemberg.**

Aus Gründen einer besseren Vergleichbarkeit ist die im
Anschluß an eine Erhebung im ländlichen Raum
durchgeführte Repaesentativerhebung zur Lebenssituation
älteren Menschen in Großstädten Baden-Württembergs in
Methodik, Erhebungsablauf und Fragestellung identisch
gehalten. Um Aussagen über ein mögliches soziales Gefälle
zwischen ländlichen und städtischen Strukturen treffen zu
können, werden Daten zur gesundheitlichen Lage, zur
Einkommenssituation, zu den Wohnverhältnissen, sozialen
Kontakten, den Möglichkeiten der häuslichen und
pflegerischen Versorgung und zu den
Kommunikationsmöglichkeiten älterer Menschen ermittelt.

Stuttgart: 1986. 117 S., Anh.
Hrsg.: Baden-Württemberg, Minister für Arbeit, Gesundheit, Familie und
Sozialordnung, Stuttgart
SEBI 86/6357

57 **Community programms for low-income populations
in urban settlements of developing countries.** (engl.)
(Kommunale Programme für Bevölkerungsgruppen mit
niedrigen Einkommen in städtischen Siedlungen von
Entwicklungsländern)

New York/N.Y.: 1969. IV,39 S.
Hrsg.: United Nations -UN-, Department of Economic and Social Affairs,
New York/N.Y.
DSE 79-00280-li

Höpker,Wolfgang:
58 **Metropolen der Welt. Wirkliche und heimliche Hauptstädte.**

In der Tradition der in der Bundesrepublik Deutschland noch nicht entwickelten Politischen Geographie wird hier das Thema "Hauptstadt" unter demographischen, wirtschafts- und verkehrsgeographischen Gesichtspunkten in den Mittelpunkt gerückt. Aus eigener Anschauung beschreibt der Autor nicht nur die klassischen Kapitalen der Alten Welt, sondern widmet sich sowohl den überquellenden Metropolen der volkreichen Länder der Dritten Welt wie auch eher jungen, im Auf- oder Ausbau befindlichen Städten, die nicht im Rampenlicht der internationalen Politik stehen.

Stuttgart: Burg 1986. 232 S.
SEBI 87/1488

59 **Aktuelle Daten zur räumlichen Entwicklung in den Kreisen. Laufende Raumbeobachtung.**

Bonn: 1982. 145 S.
= Seminare, Symposien, Arbeitspapiere; 6.
Hrsg.: Bundesforschungsanstalt für Landeskunde und Raumordnung -BfLR-, Bonn;
Deutscher Landkreistag, Bonn
ILS A 101/6

60 **New local centers in centralized states. (engl.)**
(Neue lokale Zentren in zentralisierten Staaten)

Der Band behandelt ausgewählte Beispiele der Entstehung bzw. Aufwertung neuer lokaler Zentren der Siedlungsstruktur in Bayern, Frankreich, den Niederlanden, Norwegen, Italien und Indien. In Anbetracht der Entwicklung und Ausbildung größerer Zentren und Metropolen und der damit verbundenen Auflösung traditioneller Lebensformen und althergebrachter Verhaltensweisen und des verbreitet aufkommenden Gefühls der Isolierung und kulturellen und menschlichen Vereinsamung unter den Bürgern erscheint besonders die Suche nach der Authentizität und Identität kleinerer regionaler Einheiten als ein gangbarer Weg aus den unerwünschten Folgen der Metropolisierung moderner Städte.

Lanham: University Press of America 1985. XII, 343 S.
SEBI 87/4422

61 **Europawahl 1984. Materialien zur kommunalen Wahlforschung.**

Duisburg: 1984. ca. 120 S.
Hrsg.: Verband Deutscher Städtestatistiker -VDSt-, Ausschuss Wahlforschung, Hamburg
SEBI 84/6888-4

Lowder,Stella:
62 **Inside Third Worlds cities.** (engl.)
(Dritte-Welt-Städte von innen)

London: Croom Helm 1986. XII,292 S.
DSE 86-01370-li

63 **Migrant workers in metropolitan cities. Contributions to the first workshop held in Birmingham on 23-25 June 1980.** (engl.)
(Wanderarbeiter in Metropolen. Beiträge zum ersten Werkstattgespräch in Birmingham, 23.-25. Juni 1980)

Strasbourg: 1982. I, 247 S.
= Human Migration; 1.
Hrsg.: European Science Foundation -ESF-, Strasbourg
SEBI 83/3077

Bick,Wolfgang:
64 **Die veränderten Rahmenbedingungen für Kommunalpolitik und kommunale Selbstverwaltung.**

In: Zur Situation der kommunalen Selbstverwaltung heute.stadtpolitik und kommunale Selbstverwaltung im Umbruch.Hrsg.: Joachim J.Hesse
Baden-Baden: Nomos 1987. S.33-64
= Schriften zur kommunalen Wissenschaft und Praxis; 1.
SEBI 87/4776

65 **Faith in the city. A call for action by church and nation. (engl.)**

Hinter dem allgemeinen Titel verbirgt sich eine detaillierte Untersuchung der sozioökonomischen Probleme in englischen Innenstädten, die in den dortigen Kirchengemeinden voll durchschlagen. Seit Beginn der 70er Jahre sind Angehörige der aufstrebenden Mittelschicht verstärkt aus den Innenstädten abgewandert: Engländer ziehen traditionell das Wohnen in ländlicher Umgebung vor. Schon in den Jahren vorher hatten Betriebsverlagerungen aus den Innenstädten (insbesondere aus London) in Neue Städte und Kleinstädte im Südosten und Nordosten des Landes stattgefunden; qualifizierte Arbeitsplätze konzentrierten sich dort. In den Innenstädten zurück blieben vorwiegend Einwanderer, Rentner, Alleinerziehende und sonstige Haushalte, die auf laufende Unterstützung angewiesen waren. Im Laufe der 70er Jahre wurde immer deutlicher, daß ökonomischer Abstieg, Verfall des äußeren Erscheinungsbildes und soziale Desorganisation die Charakteristika der Innenstädte sind, die stets gemeinsam auftreten. Es besteht die Gefahr, daß England sowohl gesellschaftlich als räumlich immer mehr auseinanderdriftet.

London: Church House Publishing 1985. XVI, 398 S.
Hrsg.: Church of England, Central Board of Finance, London
BfLR B 10 689

66 Die behuisingsuitdaging – 'npolitiewe benadering = The housing challenge – a positive approach. (engl., afrik.)
(Die Herausforderung des Wohnungsbaus – eine positive Annäherung)

Pretoria: 1983. getr.Pag.
Building Research Conference
Pretoria (Südafrika), 24.–26. Mai 1983.
Hrsg.: National Building Research Institute –NBRI–, Pretoria
IRB 71Beh

67 Jahresbericht 1977. Bericht über die 77. Tagung bei der Statistischen Woche 1977 in Münster sowie Ausschussberichte seit der 76. Tagung.

Der Band enthält fünf Referate der Hauptversammlung vom 28.9.77 zur Vorbereitung, Organisation und Auswertung des Zensus 1981 nebst einem ausführlichen Bericht über die daran anschließende Diskussion sowie die Referate der darauffolgenden gemeinsamen Sitzungen der Ausschüsse Bevölkerungs– und Gesundheitsstatistik (VDSt) und Regionalstatistik (DStG) zum Thema "Bevölkerungsprognosen". Er enthält ferner die Protokolle der Mitgliederversammlung des Verbandes und der Ausschußsitzungen seit der 76.Tagung, deren inhaltlichen Schwerpunkt Referate zur Bau–, Wohnungs– und Wanderungsstatistik bilden.

Münster/Westf.: 1977. XXX,347 S.
Hrsg.: Verband Deutscher Städtestatistiker –VDSt–, Hamburg
SEBI Zs 383–77

Hellstern,Gerd-Michael; Wollmann,Hellmut:

68 **Wohnungspolitische Programme, Maßnahmen und Akteure – Voraussetzungen und Ansätze für wohnungspolitische Wirkungsanalysen.**

In: Beiträge zur Stadtforschung 2
Stuttgart: Deutsche Verlags-Anstalt 1982. S.159-382
= Beiträge zur Stadtforschung – Robert-Bosch-Stiftung GmbH; 2.
Hrsg.: Robert-Bosch-Stiftung GmbH, Stuttgart
IRB 62Bei

69 **Beiträge zur Stadtforschung 1. Funktionsverlust der Innenstadt – Entwicklungsprobleme von Großstadtregionen. Vorstudie zu einem Forschungsprogramm.**

Die in diesem Band veröffentlichten vier Pilotstudien konkretisieren und präzisieren die in Band 1 veröffentlichten Vorstudien zum Forschungsprogramm. Jeweils zwei dieser Einzelprojekte wurden wegen besonders enger gemeinsamer sachlicher Bezugspunkte zu einem "Tandem" zusammengeschlossen. Im "Wohnungstandem" sind die Projekte zum Wohnstandortverhalten der Bevölkerung und zur Instrumenten- und Entscheidungsprozeßanalyse (wohnungsbezogen) und im "Wirtschaftstandem" sind die Projekte zum Investitions- und Standortverhalten von Unternehmen und zur Instrumenten- und Entscheidugsprozeßanalyse (wirtschaftsbezogen) in diesem Sinne miteinander verbunden. Ziel der Pilotstudien war es, die empirische Basis zu konkretisieren und die Kooperationsbereitschaft der jeweils wichtigsten Forschungspartner sicherzustellen, das methodische Instrumentarium zu sichten, problemorientiert anzupassen und testweise anzuwenden und ein inhaltlich und methodisch tragfähiges Konzept für die Hauptstudien zu entwickeln.

Stuttgart: Deutsche Verlags-Anstalt 1979. 400 S.
= Beiträge zur Stadtforschung – Robert-Bosch-Stiftung GmbH; 1.
Hrsg.: Robert-Bosch-Stiftung GmbH, Stuttgart
IRB 62Bei

70 Beiträge zur Stadtforschung 2.
Wohnstandortverhalten, Gewerbestandortverhalten
und regionale Politik im Verdichtungsraum. Pilotstudie
zu einem Forschungsprogramm.

Mit dem Stadtforschungsprogramm "Funktionsverlust der
Innenstadt – Entwicklungsprobleme von Stadtregionen"
versucht die Stiftung typische, seit einigen Jahren sich
abzeichnende Entwicklungsprobleme der Region Stuttgart
durch die Erarbeitung von Entscheidungshilfen einer
Lösung näherzubringen. Die in der Region Stuttgart
auftretenden Entwicklungsprobleme sind in ihrer Art typisch
auch für andere Großstadtregionen. Die in diesem Band
veröffentlichten Vorstudien wurden 1976/77 angefertigt. Sie
dienten als Grundlage für die Formulierung und
Durchführung des Forschungsprogramms.

Stuttgart: Deutsche Verlags-Anstalt 1982. 602 S.
= Beiträge zur Stadtforschung – Robert-Bosch-Stiftung GmbH; 2.
Hrsg.: Robert-Bosch-Stiftung GmbH, Stuttgart
IRB 62Bei

Roppelt,Gerd:
71 Determinanten der Nettowanderungsraten von
kreisfreien Städten und Landkreisen. (Ref.dt.,engl.)

Erklärungen und Prognosen zur Entwicklung der
Einwohnerzahlen auf Kreisebene sind dringend gefragt.
Nicht nur, weil sinkende Einwohnerzahlen in den
Großstädten zu Finanzkrafteinbussen, zu unwirtschaftlichen
Unterbelastungen von Infrastruktureinrichtungen und zu
negativen Auswirkungen auf die Konsumgüternachfrage
führen können. Auch für die Stadtentwicklungsplanung
sowie die regionale oder gar Kreisentwicklungsplanung sind
solide, aussagekräftige Daten und Analysen notwendig.
Diesem Bedarf steht allerdings die extrem hohe Fehlerquote
früherer Analysen gegenüber. Bei der Suche nach "sicheren"
Determinanten spielen die Saldi der Wanderungen eine
entscheidende Rolle. Der Autor versucht also, die
Abhängigkeit der Wanderungsraten auf Kreisebene von
Gebietsmerkmalen wie Siedlungsstruktur, Erwerbs–,

Ausbildungs- und Wohnmöglichkeiten etc. zu evaluieren. Als stärkster Faktor erweist sich, weit vor den Wohnkapazitäten, die Wohnqualität. Lebensbedingungen der Kreise sollten daher in der Kreis- und Regionalplanung stärker berücksichtigt werden.

Bayreuth: 1987. 151 S.
naturwiss. Diss.; Bayreuth 1986
= Forschungsmaterialien – Universität Bayreuth, Fachgruppe Geowissenschaften; 16.
Hrsg.: Univ. Bayreuth, Fakultät für Biologie, Chemie und Geowissenschaften, Institut für Geowissenschaften
SEBI 88/2135-4

Jacob,Joachim:
72 Kinder in der Stadt. Freizeitaktivitäten, Mobilität und Raumwahrnehmung.

In der vorliegenden Untersuchung werden Auswirkungen veränderter Umwelt auf die Sozialisation von Stadtkindern und die Frage überprüft, wie Kinder aufgrund veränderter Handlungsmöglichkeiten im Nahraum sich städtischen Raum aneignen. Der Verf. analysiert und bewertet zwei Thesen: die des "einheitlichen Lebensraums", in der Kinder sich ihre Umwelt in einem Prozeß fortschreitender Ausdehnung aneignen, und die des "verinselten Lebensraums", in dem im Zuge funktionalistischer Stadtentwicklung eine Entsinnlichung des Lebenszusammenhangs erfolgt. Um die Aktionsräume, die Raumwahrnehmung und -orientierung von Kindern zu erfassen, befragte er Grundschulkinder der 4. Klasse in einem innerstädtischen Altbauquartier und in einer neuen Stadtrandsiedlung in Westberlin und wertete Zeichnungen über ihre nähere und weitere Umgebung aus. Mit Hilfe von Kriterien überprüfte er, wie sich der Alltag von Kindern unterscheidet und welche geschlechts- und gebietsspezifischen Unterschiede in den Aktivitäten und der

Raumwahrnehmung es gibt.

Pfaffenweiler: Centaurus Verlagsgesellschaft 1987. VI,146 S.
= Reihe Sozialwissenschaften; 12.
SEBI 87/5754

73 **Messung städtischer Lebensbedingungen im internationalen Vergleich. Schlußbericht eines Forschungsprojekts.**

Ziel des vorliegenden Forschungsprojekts ist die Entwicklung eines Konzepts zur Messung städtischer Lebensbedingungen, d.h. des objektiven Rahmens, und der subjektiv empfundenen Lebensqualität. Während des Projekts wurde eine Reihe von Indikatoren aufgestellt, um das Ausmaß und die Struktur sozialer und räumlicher Ungleichheit, die Infrastrukturdisparitäten und die damit verbundenen Privilegien einerseits und die Benachteiligungen andererseits zu überprüfen. Es wird der Forschungsstand in empirisch-methodischer Hinsicht aufgearbeitet, das Untersuchungskonzept ausführlich dargestellt und ein Überblick über vorhandene Daten und das methodische Untersuchungsvorgehen gegeben.

Trier: 1987. XII,421 S.
Hrsg.: Univ. Trier
BfLR C 19 258

Clavel,Pierre:
74 **The progressive city. Planning and participation, 1969-1984.** (engl.)
(Die fortschrittliche Stadt. Planung und Partizipation 1969-1984)

Die praktische Grundlage für eine fortgeschrittene Form kommunaler Partizipation in den USA wurde in den 70er Jahren in den Städten Hartford, Cleveland und Berkeley gelegt. Dort begann man damals, mit experimentellen Methoden die den Planungs- und Entscheidungsstrukturen zugrundeliegenden ökonomischen

Beziehungen zu verändern. Auf der Grundlage umfangreicher Recherchen vor Ort (in den genannten Großstädten sowie in den Mittelstädten Santa Monica und Burlington) dokumentiert der Autor die Entstehung und Schaffung neuer sozialer Organisationen und Beziehungszusammenhänge. Die Berichterstattung aus unmittelbarer Nähe der Vorgänge läßt einen wesentlich genaueren Blick auf die Ereignisse zu, als ihn die "objektiv" gefilterten Berichte aus wissenschaftlicher Sicht ermöglichen.

New Brunswick/N.J.: Rutgers University Press 1986. XVII,262 S.
Hrsg.: Rutgers Univ., New Brunswick/N.J.
SEBI 88/4827

75 Kreisstandardzahlen 1988. Statistische Angaben für kreisfreie Städte und Kreise des Landes Nordrhein-Westfalen.

Düsseldorf: 1988. 129 S.
Hrsg.: Nordrhein-Westfalen, Landesamt für Datenverarbeitung und Statistik -LDS-, Düsseldorf
SEBI Zs2034-1988

76 Wohnen in Frankfurt am Main 1988. Zahlen und Fakten, Probleme, Ziele, Maßnahmen.

Wohnungsbau und Wohnungswesen sind bei der Stadtverwaltung Frankfurt am Main ein Aufgabenbereich, in dem verschiedene zuständige Stellen ausschnitthaft zusammenwirken. Aus allen beteiligten Bereichen gibt die Stadtverwaltung seit Jahren unterschiedliche schriftliche Zusammenfassungen und Ergebnisdarstellungen heraus. Bislang fehlte jedoch ein zusammenfassender Überblick, der über die Fülle der Zuständigkeitsbereiche hinweg alle z.T. neuartigen Ansätze städtischen Handels in Wohnungsbau und Wohnungswesen beinhaltet. Der 1. Frankfurter Kongreß 'Wohnen in der Großstadt Frankfurt am Main' am 19. Oktober 1988 war ein wichtiger und geeigneter Anlaß, den Versuch einer solchen Gesamtdarstellung vorzulegen. Die hier erarbeitete Zusammenschau soll dazu dienen, den bisherigen Kurs im Wohnungswesen zu überprüfen sowie Konsequenzen und Anforderungen an die Wohnungspolitik von morgen zu formulieren.

Frankfurt/Main: 1988. 172 S.
Kongreß Wohnen in der Großstadt Frankfurt am Main, Nr.: 1
Frankfurt (Deutschland, Bundesrepublik), 19. Oktober 1988.
Hrsg.: Frankfurt/Main, Dezernat Planung, Amt für kommunale Gesamtentwicklung und Stadtplanung
SEBI 89/286-4

Ruther,Alfred:
77 **Stadtentwicklung und Stadtplanung in einer schrumpfenden Region – das Beispiel Hannover. Tendenzen der städtischen und regionalen Entwickiung und Handlungsfelder der Kommunalpolitik unter besonderer Berücksichtigung schrumpfender Agglomerationen. 2 Bde. (Ref.dt.)**

Im 1. Band werden generelle Entwicklungstrends, das "Süd-Nord-Gefälle" in der Bundesrepublik sowie Schrumpfungsprozesse in Agglomerationen untersucht und daraus Anforderungen an Politik und Planung abgeleitet. Der 2. Band behandelt den Großraum Hannover als Beispiel für eine schrumpfende Region mit einer Kernstadt in solitärer Lage. Es werden Strategien der Entwicklungspolitik im Zeichen der Schrumpfung am Ende der 80er Jahre aufgezeigt, Einschätzungen von Experten vor Ort dargelegt und Konsequenzen für die Regional– und insbesondere Stadtplanung gezogen. Der Autor fordert Solidarität der bessergestellten mit den schrumpfenden Regionen sowie Alternativen zu einer unbeirrt wachstumsorientierten Stadtpolitik, die den marginalisierten Opfern als Hohn erscheinen müsse.

Berlin/West: 1988. 539 S.
tech. Diplomarbeit; TU Berlin 1988
SEBI 88/5484-4

78 Vorschläge der Osnabrücker Bevölkerung zur Verbesserung der Lebensqualität in der Stadt Osnabrück. Repräsentativumfrage.

Neben der Erweiterung der Kenntnisse über die Verbesserungsvorschläge der Osnabrücker Bürger zu den Leistungen der Stadt selbst oder aber den in der Stadt verfügbaren sozialen und kulturellen Angeboten ging es im Rahmen der Erhebung auch darum, zu erfahren, welche Maßnahmen die Befragten für besonders wichtig halten und ob in den einzelnen Bevölkerungsgruppen abweichende Wünsche vorhanden sind bzw. die Dringlichkeit unterschiedlich eingestuft wird. Dabei steht der Verkehr im Mittelpunkt der Antworten: Fahrradwege und Verkehrsberuhigung werden gefordert, mangelnde Parkmöglichkeiten kritisiert und eine Verbesserung der Verkehrsführungen und -anbindungen gewünscht.

Osnabrück: 1989. 43 S.
= Beiträge zur Stadtentwicklung (Osnabrück); 2
Hrsg.: Osnabrück, Zentralamt
SEBI 89/3051-4

Kaufmann,Albert; Bständig,Gerhart; Kunz,Peter:
79 Wohnungsbestand, Wohnungsqualität und Bevölkerungsstruktur 1971 und 1981. Eine Analyse der Veränderungen in österreichischen Groß- und Mittelstadtregionen. Bd.1.

Die vorliegende Arbeit geht von dem Umstand aus, daß nach der Aufarbeitung der Volks-, Häuser- und Wohnungszählung 1981 erstmals auf kleinräumiger Ebene innerhalb der Stadtregionen umfangreiche Vergleichsdaten zur Veränderung der Bevölkerungs- und Wohnungsstruktur vorlagen. Eine derartige Vergleichsanalyse sollte von der gegebenen internen räumlichen Differenzierung der Stadtstruktur ausgehen und der Frage nachgehen, in welcher Weise sich unterschiedlich strukturierte Stadtgebiete im Verlauf des Jahrzents zwischen 1971 und 1981 hinsichtlich des Wohnungsbestandes, der Wohnungsqualität und der Bevölkerungsstruktur verändert haben. Diese Analyse kam im wesentlichen in der Form zustande, daß durch Typisierung verschiedene Stadtstrukturgebiete definiert wurden, für die dann jeweils wichtigste Großzählungsdaten der Jahre 1971 und 1981 aufbereitet und verglichen wurden.

Wien: 1987. 251 S.
= Institut für Stadtforschung; 84
IRB 1/89-22

80 Die Bevölkerungsentwicklung im Landkreis Hannover und in der Landeshauptstadt Hannover von 1821 bis 1987.

Hannover: 1988. 247 S.
= Statistischer Vierteljahresbericht Hannover, Sonderband; 87/88
Hrsg.: Hannover, Statistisches Amt;
Hannover/Kreis, Kommunalaufsichtsamt, Abteilung Wahlen und Statistik;
Zweckverband Großraum Hannover, Sachgebiet für Statistik, EDV und Regionalforschung
SEBI Zs 2515-87, Sonderbd.

81 Britain and Sweden – Current issues in local government. (engl.)
(Großbritannien und Schweden – Laufende Fragen der Kommunalverwaltung)

Diese Sammlung besteht aus Aufsätzen über die Rolle der Kommunalverwaltung in bezug auf Bodennutzung, Wohnungswesen und Daseinsvorsorge in Großbritannien und Schweden. Die Beziehungen zwischen Kommunal- und Zentralverwaltung werden ebenfalls erörtert. Die Aufsätze sind Berichte aus laufenden Forschungen und differieren in Reichweite und Zweck. Einige haben mehr empirischen, andere eher theoretischen Charakter; sie erstrecken sich von der Bodennutzung und räumlichen Planung zu Fragen der Daseinsvorsorge und Fraueninitiativen in der Kommunalverwaltung. Die Papiere wurden durch eine editorische Rahmengebung miteinander verbunden.

Gaevle: 1989. XI,170 S.

= Research report – National Swedish Institute for Building Research; SB;
B 18

Hrsg.: National Swedish Institute for Building Research, Gaevle

SEBI 89/3049–4

Eicken,Joachim; Stellwag,Klaus:
82 **Regionalisierte Bevölkerungsprognose mit SIKURS und Unterstützung mit SPSS/PC plus auf Siemens PCD–2.**

Für die Stadtentwicklung ist es wichtig zu wissen, wie sich die Bevölkerung unter bestimmten Annahmen entwickelt bzw. welche Änderungen erforderlich wären, damit bestimmte angestrebte Entwicklungen eintreten. Die (regionalisierte) Bevölkerungsprognose ist ein Instrument, solche Entwicklungen zu quantifizieren. Mit dem SIKURS–Bevölkerungsprognosemodell verfügt der KOSIS–Verbund über ein ausgereiftes Instrument. Dieses Modell wird vorgestellt. Außerdem werden Beispiele der PC–Nutzung für die Vorbereitung der Eingabedaten und die Aufbereitung der Ergebnisse dargestellt.

In: Jahresbericht 1988. Hrsg.: Verband Deutscher Städtestatistiker, Nürnberg
Nürnberg: 1989. S.153–165
SEBI Zs 383–1988

83 **Zusammenleben von Ausländern und Deutschen in Dortmund. Eine Befragung ausländischer und deutscher Bürger. (Ref.dt.)**

Während der Anteil ausländischer Bürger an der Gesamtbevölkerung in Dortmund 1985 bei 8,5 Prozent lag, liegt die Ausländerkonzentration in einigen Stadtteilen wesentlich höher. Im Rahmen einer repräsentativen (Telefon–)Erhebung wurden über 1000 deutsche und 800 ausländische Bewohner nach ihrem alltäglichen

Zusammenleben, ihren Kontakten am Wohnort oder am Arbeitsplatz und ihren Einstellungen zueinander und zu speziellen Problemen ausländischer Bürger in einem anderen Land befragt. Die Ergebnisse der Befragung sollen in einen Ausländerbericht einfließen.

Dortmund: 1987. 47 S.
= FORSA Analysen
Hrsg.: FORSA Gesellschaft für Sozialforschung und Statistische Analysen mbH, Dortmund
SEBI 88/6296-4

Häußermann,Hartmut:
84 **Zu den Perspektiven der Großstadtentwicklung.**

Mit den hier zusammengestellten Vortragstexten und unveröffentlichten Manuskripten liegt das erste Heft der "Arbeitspapiere" vor, die von der Wissenschaftlichen Einheit (WE) Stadt- und Sozialforschung der Universität Bremen zukünftig in unregelmäßigen Abständen herausgegeben werden. Die Reihe soll dazu dienen, über die Arbeit der WE zu informieren und Diskussionen mit fachlich Interessierten zu ermöglichen. Zwei der Texte - "Perspektiven der Stadtentwicklung in Bremen" und "Schrumpfende Städte - die besondere Problematik der Stadtstaaten" - behandeln das Thema "schrumpfende Städte", der dritte Beitrag "Vom Müsli zum Kaviar - über den Wandel der Innenstädte" beschäftigt sich mit dem sozialen Wandel in den Altbaugebieten der Großstädte.

Bremen: 1986. ca.50 S.
= Arbeitspapiere zur Stadt- und Sozialforschung an der Universität Bremen; 1
Hrsg.: Univ. Bremen, Wissenschaftliche Einheit Stadt- und Sozialforschung
SEBI 87/6002-4

85 Immigration et societe urbaine en Europe occidentale, XVIe–XXe siecle. (dt.,engl.,franz.)
(Einwanderung und städtische Gesellschaft in Westeuropa, 16. bis 20. Jahrhundert)

Das Verhältnis von Immigration und der städtischen Gesellschaft vom 16. bis zum 20. Jahrhundert steht im Mittelpunkt dieses Aufsatzbandes. Dabei werden im ersten Teil Probleme der Messung der Zahl und Sozialstruktur der Einwanderer abgehandelt, im zweiten Teil Assimilations- und Rezeptionsprobleme der städtischen Gesellschaften und im dritten Teil das Verhältnis von städtischer Einwanderung und der Rolle der Minoritäten.

Paris: Editions Recherche sur les Civilisations 1985. 156 S.
= Travaux et Memoires de la Mission Historique Francaise en Allemagne, Göttingen
SEBI 88/4013–4

86 Atlas zur Bevölkerungsstruktur der Stadt Leverkusen 1989.

Der vorliegende Atlas zur Bevölkerungsstruktur der Stadt Leverkusen enthält 27 thematische Karten, die über die demographischen Strukturmerkmale der Stadt Auskunft geben. Dabei wurde ausschließlich auf Strukturdaten vom 31.12.1989 zurückgegriffen. Zur Kartenherstellung wurden die Einsatzmöglichkeiten EDV–unterstützter Systeme genutzt. Jeder einzelnen Karte ist das Datenmaterial in tabellarischer Form gegenübergestellt.

Leverkusen: 1990. 59 S.
= Berichte zur Stadtforschung (Leverkusen); 13
Hrsg.: Leverkusen
IRB 52/90–8

Stäsche,M.:
87 Die Bevölkerungsentwicklung in den Großstädten mit
über 300000 Einwohnern 1968 bis 1977.

Statist.MBer., Bremen 31(1979)Nr.2, S.43-56
BfLR St Bremen Mh

Stäsche,Manfred:
88 **Struktur und Entwicklung der ausländischen
Wohnbevölkerung in 18 Großstädten der
Bundesrepublik Deutschland von 1975 bis 1979.**

Statist.Mber.Land Freie Hansestadt Bremen 33(1981)Nr.4, S.128-143
BfLR St Bremen Mh

Mooser,Josef:
89 **Gleichheit und Ungleichheit in der ländlichen
Gemeinde. Sozialstruktur und Kommunalverfassung
im östlichen Westfalen vom späten 18. bis in die Mitte
des 19. Jahrhunderts.**

Archiv für Sozialgeschichte 19(1979)S.231-262
SEBI Zs 1372-19

Rossi,Angelo:
90 **Decentralisation de la population en milieu urbain et
activite du secteur pulic local. (franz.;Ref.dt.,engl.)
(Bevölerkungsdezentralisation in städtischen Regionen und
Kommunalpolitische Aktivitäten)**

Schweiz.Z.f.Volkswirtsch.u.Statist., Bern 117(1981)Nr.3, S.271-280
BfLR Z 2474

Kneer,Martin:
91 Bevölkerungsabnahme – Schreckgespenst oder Chance?

Städte- und Gemeinderat 32(1978)Nr.6, S.185-188
IRB Z 920

Buse,Michael; Rückert,Gerd-Rüdiger; Selke,Welf; Schwarz, Karl:
92 Bevölkerungsentwicklung und Kommunalpolitik. Von den Auswirkungen des Bevölkerungsrückgangs auf die Kommunalpolitik.

4 Referate zu den Ursachen der rückläufigen Bevölkerungsentwicklung und den sich damit ergebenden Auswirkungen auf und für die Kommunalpolitik. Die Referate wurden auf einem Seminar der Friedrich-Naumann-Stiftung Anfang März 1978 in Gummersbach gehalten. Sie geben einen Überblick über die gesellschaftlichen Ursachen des Bevölkerungsrückgangs, die Regionalisierung von Bevölkerungsprognosen, die unterschiedliche Geburtenentwicklung in Stadt und Land und die daraus zu erwartenden Konsequenzen für die Bevölkerungsentwicklung.

Das Rathaus (Essen) 31(1978)Nr.4, S.261-265
IRB Z 950

Mölle,Peter:
93 Die Stadt als Wohnstandort. Wünsche, Möglichkeiten, Voraussetzungen.

Bevölkerungsrückgang, geringer Wohnstandard und starke Abwanderungen der städtischen Bevölkerung ins Umland gefährden die Wohnstandorte der Städte. Der Autor analysiert diese Entwicklung, erläutert Voraussetzungen für ein attraktives innerstädtisches Wohnen und zeigt Möglichkeiten zur Verbesserung der innerstädtischen

Wohnsituation auf.

Der Siedler-Berater 25(1978)Nr.3, S.23-33
IRB Z 915

Weinberger,Bruno:
94 **Bilanz einer Reform. Die seit 1.Mai geltende
Gemeindegliederung in der Bundesrepublik
Deutschland.**

Der Städtetag (1948) 31(1978)Nr.6, S.331
IRB Z 76

95 **Funktionalreform. Aus der Landtagsdebatte am 28.Juli
1978 über Einwohnerzahlen.**

Städte- und Gemeinderat 32(1978)Nr.8, S.240-241
IRB Z 920

Frey,William H.:
96 **Status selective white flight and central policy
population change. A comparative analysis. (engl.)**
(Sozialstrukturell selektive Stadtflucht weisser Einwohner
und Änderung der Bevölkerungsstruktur in den
Innenstädten. Eine vergleichende Analyse)

Die Abwanderung meist weisser Einwohner aus den
innerstädtischen Wohnquartieren von Großstädten der USA
wird hinsichtlich ihrer Ursachen, ihres selektiven Charakters
im Bezug auf die Sozialstruktur und damit enthaltener
Selbstverstärkungstendenzen analysiert. Dies geschieht mit
Hilfe einer Multivarianzanalyse. Es werden Daten für 39
Großstädte der USA ausgewertet.

Journal of regional science 20(1980)Nr.1, S.71-89
IRB Z 988

Rehn,Erich:

97 Mitwirkungsmöglichkeiten für Ausländer im kommunalen Bereich.

Der Anteil der Ausländer an der Wohnbevölkerung der Bundesrepublik beträgt derzeit 6,5 %. Gefordert wird eine soziale Integration der Ausländer innerhalb des kommunalen Bereichs, die durch Koordination der verschiedenen öffentlichen Stellen, und durch Mitarbeit der Betroffenen selbst, zu erreichen ist. Diese soziale Integration soll der 2.Ausländergeneration durch verbesserte Schul- und Berufsausbildung bessere Lebensbedingungen schaffen. Nicht erstrebenswert dagegen ist eine völlige politische Integration, wenn der Ausländer nicht auf Dauer in der Bundesrepublik leben möchte. Es ist nicht möglich, ihm das Kommunalwahlrecht zu geben, da diese Verleihung gegen das Grundgesetz verstossen würde, und ausländische Parteien auf die deutsche Kommunalpolitik Einfluß nehmen könnten.

Städte- und Gemeindebund 34(1979)Nr.11, S.341-344
IRB Z 960

Lemelsen,Joachim:

98 Integrationsaufgaben in kommunaler Sicht. Dargestellt am Beispiel der Stadt Darmstadt.

Ausgehend von gesellschaftspolitischen Überlegungen und der Frage, was "Integration" von Ausländern bedeuten kann und soll, geht der Autor auf Problemfelder und Aufgaben ein, die sich auf kommunaler Ebene ergeben. Dies sind u.a. Probleme auf dem Arbeitsmarkt und der Arbeitsvermittlung, Versorgung mit Wohnungen, Versorgung mit Einrichtungen der sozialen Infrastruktur, Schul- und Freizeitbereich.

Die Demokratische Gemeinde 32(1980)Nr.7, S.592-594
IRB Z 903

Fiedler,Klaus P.:

99 Zur Verstädterung in den Entwicklungsländern. Tl.2 und Schluß. Anmerkungen zu den "Weltentwicklungsberichten" der Weltbank aus kommunaler Sicht.

Während noch vor 1950 keine Großstadt der Entwicklungsländer mehr als 5 Mio Einwohner hatte, werden bis zum Jahr 2000 40 Städte diese Grenze überschritten haben. Zur Zeit wird durch öffentliche Investitionen, Transport– und Energiepreise eine einseitige Förderung der Zentren betrieben. Nur die Förderung der Landwirtschaft und Verbesserung der Lebensbedingungen in ländlichen Gebieten kann den Zustrom in die Städte bremsen. Bei fortschreitender Verstädterung sind die dringendsten Maßnahmen: Ausbau der technischen Versorgung auf einem einfachen Standard, Wohnungsbaumaßnahmen und Ausbildungsförderung.

Der Städtetag (1948) 34(1981)Nr.11, S.714–721
IRB Z 76

Bürcher,Beat:

100 Wohnungsbau als kommunale Aufgabe?

Materialien zum kommunalen Wohnungsbau und zur kommunalen Wohnbaupolitik in Zürich von 1900 bis heute. Ein Versuch, Zusammenhänge zwischen Stadtentwicklung, ökonomischer Entwicklung und politischen Kräfteverhältnissen deutlich zu machen.

Werkbund Material (1980)Nr.1, S.2–18
IRB Z 1505

Boyden,Stephen; Celecia,John:

101 Die Ökologie der Großstadt.

Die Verstädterung bildet seit langem eine weltweite Erscheinung unseres Jahrhunderts. Heute hat sie jedoch unter dem Druck der "Bevölkerungsexplosion" ein noch nie dagewesenes Ausmaß erreicht. Die Städte legen auf der Suche nach den Hilfsmitteln, deren sie bedürfen, einen sich immer weiter ausdehnenden Verwüstungsgürtel um sich herum und laufen Gefahr, buchstäblich in ihren eigenen Abfällen zu versinken.

The UNESCO curier 22(1981)Nr.4, S.24-27
IRB Z 1476

Cortie,C.; Ven,J. van de:
102 **Amsterdam möt meer bouwen voor hogere inkomens.**
(niederl.)
(Amsterdam muß mehr bauen für höhere Einkommen)

Der Wegzug von Einwohnern über die Stadtgrenzen Amsterdams hinaus hat in den letzten Jahrzehnten dazu geführt, daß einerseits die ökonomischen Grundlagen großstädtischer Funktionen vermindert, andererseits die Reisezeiten des Wohn- Arbeitsverkehrs erhöht wurden. Sowohl die Stadt Amsterdam als auch die benachbarte Provinz Nord-Holland wollen dieser Entwicklung entgegenwirken, wie aus dem Entwurf eines kommunalen Flächennutzungsplanes beziehungsweise der "Diskussionsvorlage zur Strukturskizze von Nord- Holland" hervorgeht. Die Verfasser setzen sich mit beiden Veröffentlichungen kritisch auseinander. Sie weisen darauf hin, daß es, mit Blick auf die angestrebte Stärkung großstädtischer Funktionen, Ziel der Stadtentwicklungspolitik sein muß, auch kaufkräftige Bevölkerungsschichten in der Stadt zu halten.

Bouw 38(1983)Nr.7, S.23-25
IRB Z 84

Findl,Peter:
103 **Volkszählung 1981 – Entwicklung der Stadtregionen.**

Information – Institut für Stadtforschung (1982)Nr.9/10, S.29-34
IRB Z 905

Foata,Rose:

104 **Le bassin ferrifere larrain. Fin d'un monde ou nouvel espoir? (franz.)**
(Das eisenerzhaltige Lothringische Becken. Ende einer Epoche oder neue Hoffnung)

Das Gebiet lothringischer Eisenerzgewinnung zeigt heute die Probleme eines im Absinken bedindlichen Probleme eines im Absinken bedindlichen Produktionssektors; seit Mitte der 60er Jahre werden mehr und mehr Bergwerke stillgelegt, die Abwanderung der Bevölkerung betrug in den letzten 20 Jahren durchschnittlich 30 Prozent. Im Becken von Landres fanden sich 15 Gemeinden aus zwei Departements zu einem interkommunalen Abkommen zusammen, um den wirtschaftlichen Niedergang durch entsprechende Umstrukturierungen und gemeinsame Aktivitäten zu stoppen. Im Rahmen der in Frankreich durchgeführten Dezentralisation wurde inzwischen die dafür notwendige Eigenverantwortung auf die regionale und kommunale Ebene delegiert.

Diagonal. Bulletin de liaison des equipes d'urbanisme (1983)Nr.45, S.34–39
IRB Z 1455

Ihlenfeldt,Burkhard:

105 **Strukturaspekte der Stadt- und Umlandproblematik. Tl.1. Ursachen und Folgen der Stadtrand- und Umlandzersiedlung.**

Die Abwanderung hauptsächlich jüngerer deutscher Familien aus den Groß- und Mittelstädten ins Umland wurde lange Zeit nur hinsichtlich ihrer finanziellen Rückwirkung auf die Städte diskutiert. In diesem Beitrag wird die Analyse auf die strukturellen Veränderungen ausgedehnt, die durch die Stadt-Umland-Wanderung in vielen Bereichen sowohl der Herkunfts- als auch der Zielgemeinden ausgelöst werden. In diesem ersten Teil wird schwerpunktmäßig auf die Ursachen eingegangen. Dabei werden die Einkommensentwicklung und der Wohnflächenbedarf, technologische Entwicklungen und

demographische Faktoren angesprochen. In einem zweiten
Beitrag wird später auf die Rückwirkung für das Leitbild der
Siedlungsentwicklung eingegagnen.

Neues Archiv für Niedersachsen 30(1981)Nr.4, S.343–365
IRB Z 995

106 Kleinräumige Bevölkerungsprognose der Stadt Münster. Konzepte, Arbeitsweise und Datenanforderungen des SIKURS-Modells.

Statistischer Bericht, Münster/Westf. (1983)Nr.3, S.18–36
BfLR St–Muenster

El Kadi,Galila:
107 L'urbanisation spontanee au Caire. (franz.)
(Spontane städtebauliche Entwicklung in Kairo)

Urbanisme 53(1984)Nr.204, S.100–103
IRB Z 1083

Larrouy,Dominique:
108 Les quartiers clandestins a Lisbonne. (franz.)
(Die illegalen Stadtteile von Lissabon)

Urbanisme 53(1984)Nr.204, S.104–107
IRB Z 1083

109 Metropolis 84. (engl.,franz.,span.)

Berichtet wird über eine internationale Tagung in Paris, auf
der auf Einladung der Region Ile–de–France 31 offizielle
Delegationen großer Verdichtungsregionen über die
Probleme und die künftige Entwicklung ihrer
Welt–Metropolen diskutierten. Im Vordergrund standen die
Themen Bevölkerungsbewegung, struktureller Wandel der
Wirtschaft, öffentlicher Verkehr sowie Schutz und
Verbesserung der Umweltbedingungen. Nachdem von

einer weiteren Konzentration menschlicher Aktivitäten auf die großen Verdichtungsregionen ausgegangen wird, sind intensive gegenseitige Informationen sowie eine engere Zusammenarbeit bei gemeinsamen Problemen beabsichtigt. An den Bericht schließen sich Kurzbeschreibungen von 19 großen Verdichtungsregionen an.

Cahiers de l'Institut d'amenagement et d'urbanisme de la region d'Ile-de-France (1984)Nr.74, S.4-58
IRB Z 1546

Wortmann,Wilhelm:
110 **Wandel und Kontinuität der Leitvorstellungen in der Stadt- und Regionalplanung. (Ref.engl.,franz.,russ.)**

Verf. leitet seine Überlegungen ein mit einem historischen Rückblick auf die ersten Gedanken zu Fragen der Großstadt und der Stadterweiterung, die ihn persönlich betroffen gemacht hatten. Aus dem sich seit Anfang der 70er Jahre abzeichnenden demographischen Wandel stellt er entsprechende "konstante und variable Grundlagen der Stadtentwicklung" dar und leitet daraus die aktuellen Aufgaben der Stadterneuerung ab.

Berichte zur Raumforschung und Raumplanung 29(1985)Nr.3/4, S.20-25
IRB Z 873

Prünte,V.:
111 **Beweggründe ehemaliger Einwohner zur Abwanderung aus Heidelberg. Eine Mobilitäts-Untersuchung.**

Eine Mobilitätsuntersuchung, die die Beweggründe ehemaliger Bewohner Heidelbergs zur Abwanderung klärt. Untersuchungsgründe, Ziel und Problematik von Wanderungsmotivbefragungen. Überblick über die wichtigsten Befragungsergebnisse.

Stadtbauwelt (1976)Nr.49, S.371-373
IRB Z 36

Jones,Richard C.:
112 **Myth maps and migration in Venezuela.** (engl.)
(Mythenkarten und Wanderung in Venezuela)

Economic geography 54(1978)Nr.1, S.75-91
BfLR Z 2341

Smith,Terence R.; Clark,W.A.V.; Huff,James O.; Shapiro,
Perry:
113 **A decision-making and search model for intraurban
migration.** (engl.)
(Entscheidungsmodell und Suchmodell für die
innerstädtische Wanderung)

Geographical analysis 11(1979)Nr.1, S.1-22
BfLR Z 2561

Mohs,Gerhard:
114 **Urbanisierung. Geographische Aspekte ihrer
weltweiten Entwicklung.** (Ref.dt.,engl.,russ.)

Geographische Berichte 89/23(1978)Nr.4, S.270-281
BfLR Z 243

Adams,John S.:
115 **A geographical basis for urban public policy.** (engl.)
(Eine geographische Grundlage für die
Stadtbevölkerungspolitik)

Professional geographer 31(1979)Nr.2, S.
BfLR Z 2572

Kupka,Karl; Vries,Mariette De:
116 **Bevolkingspolitiek en de stad.** (niederl.)
(Bevölkerungspolitik und Stadt)

Stedebouw en volkshuisvesting 61(1980)Nr.2, S.124-135
BfLR Z 2426

117 **The revitalization of inner-city neigborhoods.**
Themenheft. (engl.)
(Revitalisierung innerstädtischer
Nachbarschaftsverhältnisse)

Urban affairs quarterly 15(1980)Nr.4, S.
BfLR Z 2514

Möwes,Winfried:
118 **Wandlungen der Siedlungsstruktur und**
raumbezogener Lebensstil in den USA. (Ref.engl.)

Die Siedlungsentwicklung der letzten 30 Jahre in den USA
ist gekennzeichnet durch die Abwanderung aus den
Zentren der Ballungsgebiete in deren Randzonen, in letzter
Zeit auch verstärkt in ländliche Bereiche. Trotz vielfacher
Planungen existieren kaum Leitbilder für die Raumstruktur.
Mit dem Trend zur Abwanderung in ländliche Gebiete ist die
Möglichkeit zur Entwicklung einer dezentralisierten
Raumstruktur gegeben.

Landschaft und Stadt 12(1980)Nr.3, S.97–110
IRB Z 1043

Ottensmann,John R.:
119 **The spatial dimension in the planning of social**
services in large cities. (engl.)
(Der räumliche Aspekt bei der Planung von sozialen
Einrichtungen in großen Städten)

Journal of the American Planning Association 47(1981)Nr.2, S.167–174
IRB Z 1042

Loinger,Guy:
120 **Städtebaupolitik in Frankreich und die**
Umstrukturierung von Paris nach 1945.

Weil Paris aufgrund seiner zentralen Stellung schon immer
die treibende Kraft in der französischen Politik war, stand

die Stadt auch immer unter starker Kontrolle der
Staatsgewalt. So war die Pariser Städtebaupolitik auch nie
die der Stadt selber, sondern in ihren Grundsätzen die
Weiterführung der staatlichen Stadtplanungs- und
Raumordnungspolitik. Vor diesem Hintergrund referiert Verf.
über die verschiedenen Phasen der Städtebaupolitik in
Frankreich und in Paris selber nach dem zweiten Weltkrieg.

Bauwelt 73(1982)Nr.9, S.291-292
IRB Z 36

Kaczmarczyk,Armando:
121 "Bologna hat immer noch mehr zu verlieren" - Folgen
einer subversiven Stadtentwicklung. Modell und
Realität der städtischen Planungspolitik.

Das "Modell Bologna" wollte immer mehr sein als
vorbildliche Kommunalpolitik, alternativer Städtebau und
erhaltende Sanierung. Eine den Bedürfnissen aller
Bewohner adäquate Nutzung des städtischen Territoriums
in der "reformierten Stadt" waren als Spiegelbild einer
"reformierten Gesellschaft" gedacht. Die letzten zehn Jahre
zeigten jedoch, daß insbesondere die
gesellschaftspolitischen Schranken nicht überwunden
werden konnten und daher die Stadt mit ähnlichen
Problemen wie alle anderen Großstädte konfrontiert ist:
Abwanderung gerade der einkommensschwächeren
Schichten, Bevölkerungsrückgang und Wohnungsmangel.

Neue Heimat 28(1981)Nr.1, S.58-69
IRB Z 539

Naumann,Ulrich:
122 Fehlerquellen der kommunalen Statistik im Hinblick
auf prognostische Aussagen. (Ref.engl.,franz.)

Archiv für Kommunalwissenschaften 18(1979)Nr.1, 1.Halbjahresband,
S.4-25
IRB Z 892

Fanger,Ulrich:

123 Urban policy implementation in the Dominican Republic, Jamaica, and Puerto Rico. (engl.)
(Die Ausführung städtischer Politik in der Dominikanischen Republik, Jamaica und Puerto Rico)

Der überproportionale Bevölkerungszuwachs und die unkontrollierte Entstehung von Großstädten haben in vielen Entwicklungsländern das soziale und ökonomische Gleichgewicht zwischen städtischen und ländlichen Gebieten empfindlich gestört. Zudem sind die entstehenden Großstädte selten in der Lage, für den ständig zunehmenden Strom der Zuwanderer angemessene Wohnmöglichkeiten zu schaffen. An drei Beispielen aus dem Karibischen Raum beschreibt der Artikel den momentanen Zustand und die politischen Möglichkeiten zur Steuerung dieser Verstädterungsprozesse. Die Fallstudien wurden in Jamaica, Puerto Rico und der Dominikanischen Republik durchgeführt.

Ekistics 45(1978)Nr.266, S.20–29
IRB Z 1015

Pessek,Robert J.:

124 In Mexico City, the answer is, "Decentralize". (engl.)
(In Mexico City heisst die Antwort – "Dezentralisieren")

Planning – American Planning Association 44(1978)Nr.6, S.26–29
IRB Z 1122

Güldenberg,Eckart; Preis,Reinhard:

125 Soziale Segregation und kommunale Aufwertungsstrategien am Beispiel Hannovers.

Am Beispiel von Hannover werden die in allen deutschen Großstädten zu beobachtenden Vorgänge der Stadt–Umland–Wanderungen und Versuche zu deren Verhinderung behandelt. Ausgehend von der Entwicklung nach dem Kriege in der Wiederaufbauphase und der Liberalisierung des Wohnungsmarktes nach 1960 werden

die neueren Phänomene im Bereich der
Bevölkerungsentwicklung und im Wohnungsbau kritisch
durchleuchtet. Dabei wird vor allem der Teil der
Wohnungsbaupolitik kritisiert, der sich in
flächenverbrauchender Einfamilienhausbebauung
niederschlägt. Schwerpunkt der Betrachtung sind die
ökonomisch-politischen Bedingungen und die sozialen
Folgen dieser Entwicklung.

Arch plus (1978)Nr.39, S.43-48,12
IRB Z 925

126 Bevölkerungsentwicklung und kommunale Planung. Eine Große Anfrage der F.D.P.-Fraktion im Rat der Stadt Bonn.

Das Rathaus (Essen) 37(1984)Nr.10, S.561-562
IRB Z 950

Kreibich,V.; Petri,A.:
127 Locational behaviour of households in a constrained housing market. (engl.)
(Räumliches Verhalten von Haushalten in einem
Wohnungsmarkt mit Engpässen)

Environment and planning A 14(1982)Nr.9, S.1195-1210
IRB Z 1268

128 Le schema d'amenagement de la Communaute Urbaine de Montreal. (engl.,franz.,span.)
(Der Strukturentwicklungsplan für die Städtegemeinschaft
von Montreal)

Cahiers de l'Institut d'amenagement et d'urbanisme de la region
d'Ile-de-France (1984)Nr.73, S.9-25
IRB Z 1546

Scherrer,Hans U.:

129 **Banlieue de Paris. Wachstumsbewältigung trotz historischer Bindungen.**

Schweizer Ingenieur und Architekt 104(1986)Nr.47, S.1197-1202
IRB Z 11

Thibodeau,Jean-Claude:

130 **Une urbanisation mieux contenue, une agriculture qui se regenere.** (engl.,franz.,span.)
(Eine in Grenzen gehaltene Verstädterung, eine sich erneuernde Landwirtschaft)

Cahiers de l'Institut d'amenagement et d'urbanisme de la region d'Ile-de-France (1984)Nr.73, S.26-39
IRB Z 1546

Baltzer,Klaus:

131 **Die Bevölkerungsentwicklung in ihren Auswirkungen auf die Gemeinden und Städte in Schleswig-Holstein.**

Für die nächsten 50 Jahre prognostiziert der Verfasser einen Rückgang der Bevölkerung von Schleswig-Holstein von derzeit 2,5 Mio um 0,9 Mio auf 1,6 Mio Einwohner im Jahr 2035. Nachfolgend werden die Konsequenzen dieser Entwicklung für die kommunalen Haushalte, die Unterhaltung und Auslastung von Infrastruktureinrichtungen, den Personalkörper der Kommunalverwaltungen und das kommunale Verfassungsrecht erörtert. Der Verfasser kommt zu dem Schluß, daß der voraussehbare Bevölkerungsrückgang schon heute in alle kommunalpolitischen Entscheidungen mit einzubeziehen ist. Eine Abkehr vom allgemeinen Wachstumsdenken sei notwendig. Konsequenzen müssten insbesondere im Bereich der Infrastrukturpolitik gezogen werden, um teuere Investitionsruinen zu vermeiden.

Verwaltungsrundschau 31(1985)Nr.12, S.405-409
IRB Z 1142

Rohner,Jürg:

132 Merkmale der Bevölkerungsentwicklung im schweizerischen Teil der Agglomeration Basel und in ihrem Umland.

Auf der Basis der Bevölkerungsentwicklung 1960–1980 untersucht Verf. die räumliche Umverteilung der Bevölkerung durch Wanderung in den fünf Jahren vor der Volkszählung 1980. Unterschieden nach grenzüberschreitenden und innerkommunalen Wanderungen werden die Auswirkungen auf die Siedlungsentwicklung dargestellt. Bevölkerungs- und Siedlungswachstum finden derzeit nicht nur am Agglomerationsrand, sondern auch darüber hinaus im periurbanen Raum statt. Besondere Bedeutung erhält dieser Vorgang durch die Tatsachen, daß "die verschiedenen sozialen Gruppen, aber auch die verschiedenen Alterklassen an den Wanderungsbewegungen unterschiedlich beteiligt sind".

DISP. Dokumente und Informationen zur Schweizerischen Orts-, Regional- und Landesplanung 21(1985)Nr.80/81, S.72–76
IRB Z 900

Winkel,Rainer:

133 Planungsansätze für die Steuerung der Raum- und Regionalentwicklung werden reformbedürftig.

Verf. geht von der Überlegung aus, daß die Veränderungen in der demographischen Entwicklung "in Verbindung mit den Auswirkungen der technologischen Entwicklung zu weitgehenden Veränderungen der Planungsbedingungen führen" müssen. Er beschreibt die derzeitige Situation sowie die zu erwartenden Veränderungen und untersucht deren mögliche Auswirkungen auf die mittel- und langfristige Entwicklung der Raum- und Regionalplanung. Dabei scheinen ihm die Auswirkungen aus der demographischen Entwicklung zum Beispiel auf die Raumstruktur und den Infrastrukturbedarf klarer ablesbar als die der technologischen Entwicklung. Eindeutig scheint ihm die Notwendigkeit, "dass sich die Raum- und Regionalplanung

möglichst frühzeitig auf die sich abzeichnenden
Veränderungen ihrer Rahmenbedingungen einstellt".

Der Landkreis 56(1986)Nr.4, S.154–158
IRB Z 1035

Kahimbaara,J.A.:
134 **The population density gradient and the spatial
structure of a third world city – Nairobi, a case study.**
(engl.)
(Der Bevölkerungsdichtegradient und die Raumstruktur
einer Stadt der Dritten Welt – Nairobi, eine Fallstudie)

Eine generalisierte Newling–Funktion vierten Grades wird
für die Analyse der Bevölkerungsdichte von Nairobi
verwendet. Datengrundlage sind Volkszählungsdaten aus
dem Jahr 1969. Über die Verteilung unterschiedlicher
Bevölkerungsdichten sollen Einsichten in die räumliche
Struktur Nairobis und deren Entstehung als Beispiel für
Großstädte der Dritten Welt gewonnen werden. Eine Reihe
von Ergebnissen zeigen, wie die koloniale Gründung, die
zuerst rassische und dann nach der Unabhängigkeit soziale
Segregation und die Wirtschaftsstruktur die Stadtstruktur
von heute bestimmen.

Urban studies (Harlow) 23(1986)Nr.4, S.307–322
IRB Z 1171

Foucher,Jaques; Lecoin,Jean–Pierre:
135 **Peut–on enrayer le depeuplement des secteurs
urbains de l'agglomeration?** (franz.;Ref.engl.)
(Kann man der Entvölkerung der verstädterten Bereiche
einer Agglomeration wirksam entgegenwirken)

Die zunehmende Entvölkerung der alten Stadtzentren ist
eine bekannte Tatsache. In Paris fand die Abwanderung
jedoch hauptsächlich in den am Kernrand liegenden
Quartieren statt und betrifft jetzt rund 60 Gemeinden des
Umlandes. Mit weiterer Abwanderung von etwa einer halben
Million Einwohnern aus mit Infrastruktur sehr gut

ausgestatteten Siedlungsräumen muß gerechnet werden.
Verf. dokumentiert diese Entwicklung und zeigt Ansätze
einer Gegensteuerung auf, die insbesondere auf eine
vorsichtige Verdichtung der betroffenen Siedlungsbereiche
zielen, ohne deren derzeitigen Charakter zu zerstören.

Cahiers de l'Institut d'amenagement et d'urbanisme de la region
d'Ile-de-France (1985)Nr.76, S.19-26
IRB Z 1546

Bannwart,Louis:
136 **Entwicklungen im Detailhandel. Eine Studie über die
Region Luzern.**

In der Lagebeurteilung wurde 1961 schon festgestellt, daß
die Bevölkerung der Stadt Luzern zahlenmäßig abnahm,
diejenige der Agglomeration teilweise fast stagnierte und die
ländlichen Gebiete eine Zunahme verzeichneten.
Gleichzeitig hat die Mobilität in den vergangenen sieben
Jahren enorm zugenommen, und davon profitierend sind
neue Einkaufszentren entstanden. Heute geht es darum,
sich über die erfassbaren Veränderungen im Vergleich zu
1973/74 ein Bild zu machen, und durch begründete
Annahmen die Grundlage für die weitere Siedlungsplanung
und für die Beurteilung neuer Projekte zu schaffen. Es geht
vor allem um die Frage einer ausgewogenen
Versorgungsstruktur und um die Bedeutung des
Detailhandels in der Arbeitsplatzbeschaffung am Wohnort
die Einkaufsstätten wieder vermehrt in Kombination mit
anderen Dienstleistungen zum Ort der Begegnung werden.

Aktuelles bauen. Das schweizerische Bau-, Architektur- und
Planungsmagazin 21(1986)Nr.1/2, S.22-23
IRB Z 1425

Ültzen,Werner; Vaskovics,Laszlo A.:
137 **Analyse von Stadtentwicklungsprozessen und sozialen Problemen. Am Beispiel des Problems der räumlichen Aussonderung alter Menschen.**

Der Städtetag (1948) 36(1983)Nr.4, S.277-280
IRB Z 76

138 **Als Planungsgrundlagen nicht zu entbehren. Bevölkerungsprognosen sind nützlich.**

Die Demokratische Gemeinde 36(1984)Nr.8, S.38
IRB Z 903

Thomas,Wilfrid:
139 **zur demographischen Entwicklung der Stadt und des Landkreises Hannover. 1.Tl.**

Neues Archiv für Niedersachsen 32(1983)Nr.4, S.333-354
IRB Z 995

Sauberzweig,Dieter:
140 **Bevölkerungsveränderung und Stadtentwicklung.**

Der Städtetag (1948) 39(1986)Nr.9, S.579-582
IRB Z 76

Green,Ray:
141 **The challenge of change. (engl.)**
(Die Herausforderung der Veränderung)

Diese Studie sucht nach Ursachen der Entstehung von wirtschaftlichen Problemräumen, um anschließend Möglichkeiten zur Neubelebung dieser Regionen zu erarbeiten. Es wird die These vertreten, daß bei Anwendung neuartiger Regionalplanungspolitiken im Zuge einer integrativen Gesamtwirtschaftsraumplanung den gegenwärtigen Disparitäts- und

Dezentralisationstendenzen der Siedlungsräume Rechnung getragen werden kann. Dies bedeutete, den neuen Flächenansprüchen gerecht zu werden. Vorliegende Zusammenfassung der Studie liefert eine Übersicht der wirtschaftlichen Problemregionen in Großbritannien, der bevorzugten Standorte für Agrarwirtschaft, sowie die notwendigen Voraussetzungen zur Verwirklichung der angestrebten Planungsziele.

Planner (London) 72(1986)Nr.11, S.11-13
IRB Z 1064

Laan,Lambert van der:
142 **Verscheidenheit en dynamiek in stedelijke gebieden.** (niederl.;Ref.engl.,franz.)
(Verschiedenheit und Dynamik in städtischen Gebieten)

Plan (Amsterdam) 15(1984)Nr.8, S.47-50
IRB Z 1359

Stich,Walter:
143 **Ostwestfalen-Lippe – Perspektiven für die 90er Jahre. Politik vor neuen Herausforderungen.**

Städte- und Gemeinderat 40(1986)Nr.9, S.291-298
IRB Z 920

Brekelmans,Henri; Heessels,Jos; Walk,Wim; Windhausen, Lucas:
144 **Veranderingen in het ruimtelijk beleid op de lange termijn. (niederl.;Ref.franz.)**
(Langfristige Veränderungen der Raumordnungspolitik)

Im Rahmen einer Abschlußarbeit an der Akademie für Baukunst Tilburg werden sieben aus den Jahren 1983 und 1984 datierende Quellen verglichen, die Aussagen machen über die zu erwartenden Veränderungen in der Gesellschaft nach 2000 und die damit zusammenhängenden Konsequenzen für die Raumordnungspolitik. Aus den in wichtigen Aspekten übereinstimmenden Prognosen für die Entwicklung einer mittelgrossen niederländischen Stadt wird eine Zukunftsvision destilliert. Sie betrifft den öffentlichen Wohlstand, die Bevölkerungsstruktur, die Bereiche Wohnen, Arbeit und Freizeit, die Wohnfolgeeinrichtungen und den Verkehr. Die zu erwartenden Entwicklungen und ihre Auswirkungen auf die Raumordnung werden dargelegt. Eines der wichtigsten Ergebnisse ist, daß die Stadt nach anfänglichem Wachstum schließlich (nach 2000) schrumpfen wird, das heisst, daß sie in ihrem heutigen Umfang allen Aktivitäten (wie Wohnen, Arbeiten) auch in Zukunft genügenden Raum bieten kann.

Plan (Amsterdam) 17(1986)Nr.5, S.13–18
IRB Z 1359

Misra,R.P.; Tri Dung,Mguyen:
145 **Large cities – growth dynamics and emerging problems. (engl.)**
(Großstädte – ihre Wachstumsdynamik und Probleme)

Ziel des Artikels ist es, den Zusammenhang zwischen Urbanisierung und Wirtschafts- und Gesellschaftsentwicklung zu erarbeiten. Verstädterungstrends werden zunächst in vier historischen Epochen dargestellt. Im zweiten Teil werden kurz verschiedene Ansichten über die Rolle von Großstädten in der nationalen Entwicklung vorgestellt. Der dritte Teil des Artikels geht auf Ursachen und Konsequenzen von Stadtwachstum ein. Der vierte Teil analysiert die Funktionen von Großstädten in Industrie- und Entwicklungsländern. Der Artikel kommt zu dem Schluß, daß die Probleme städtischen Wachstums nicht isoliert von der nationalen Entwicklung eines Landes einerseits und von seiner Position in den Nord–Süd–Beziehungen andererseits zu sehen sind.

Habitat International 7(1983)Nr.5/6, S.47–65
IRB Z 1365

Macdonald,John Stuart; Macdonald,Leatrice:
146 **Fertility decline during rapid urbanisation – The influence of class and kinship.** (engl.)
(Abnahme von Fruchtbarkeit während rapider Verstädterung – der Einfluß von Klassenzugehörigkeit und Familienstruktur)

Habitat International 6(1982)Nr.3, S.301–321
IRB Z 1365

Pazienti,Massimo:
147 **L'evoluzione della struttura poduttiva e delle funzioni urbane.** (ital.;Ref.engl.)
(Die Entwicklung von Produktions– und Stadtstrukturen)

In den siebziger Jahren wurde der Mechanismus, der über ein Jahrhundert hinweg für demographisches, ökonomisches und bauliches Wachstum der Stat Rom gesorgt hatte, plötzlich lahmgelegt. Der Impuls für dieses Wachstum kam ursprünglich von außen. Vereinfacht dargestellt lag er in dem Umstand, daß Rom Sitz der Regierung wurde. Paradox erscheint vor allem die Tatsache, daß trotz eines gewaltigen Baubooms die Bevölkerungszahl zurückging. Dies deutet auf einen Funktionsverlust der Stadt hin. Die Attraktivität für Arbeitssuchende ging zurück, da vor allem industrielle Arbeitsplätze fehlten. Hier muß dementsprechend der Hebel für zukünftige Entwicklungsmaßnahmen angesetzt werden.

Urbanistica (1986)Nr.84, S.70–74
IRB Z 1282

Wimmer,Sigmund:
148 **Die Bevölkerungsentwicklung als Determinante des kommunalen Investitionsbedarfs.** (Ref.dt.,engl.,franz.)

Bevölkerungsvorausberechnungen sind unentbehrliche Grundlagen für Entscheidungsvorbereitungen und Planungen in vielen Lebens– und Politikbereichen. Ihre Bedeutung als wichtiges Instrumentarium wissenschaftlicher Politikberatung ergibt sich zwangsläufig aus den unmittelbaren und mittelbaren Auswirkungen der zukünftigen Bevölkerungsentwicklung auf die verschiedensten Bereiche von Staat und Gesellschaft. Bevölkerungsvorausberechnungen sollen aufzeigen, wie sich Bevölkerungsstand und -struktur unter verschiedenen Annahmen über die zugrundeliegenden Einflußgrößen verändern; ihre Zuverlässigkeit bestimmt sich aus der Wahrscheinlichkeit des Eintretens dieser Annahmen. Im vorliegenden Beitrag wird, basiert auf neuesten Daten des Statistischen Bundesamtes, ein Überblick über die Bevölkerungsentwicklung in der Bundesrepublik bis zum Jahr 2000 und darüber hinausgehend eine Trendbeschreibung bis zum Jahr 2030 vorgestellt.

Archiv für Kommunalwissenschaften (1987)S.42–59 (Sonderbd.)
IRB Z 892

Rainford,P.; Masser,I.:
149 **Population forecasting and urban planning practice – a case study.** (engl.)
(Bevölkerungsprognosen und städtische Planungspraxis – eine Fallstudie)

In der vorliegenden Fallstudie werden am Beispiel von Bevölkerungsprognosen Einblicke in die Verwendung von Ergebnissen quantitativer Methoden in der Planungspraxis gegeben. Die Prognose wurde im Rahmen der Erstellung eines Regionalplans für die Stadtregion South Yorkshire erstellt. In der Analyse wird deutlich, daß bei Prognosen eher die Validität der Daten angezweifelt wird als die Prognosemethode. Die für Modellrechnungen getroffenen Annahmen geraten in das Spannungsfeld widerstreitender Interessen bei den politischen Entscheidungsträgern. Der Aufsatz beschreibt die Beschränkungen, denen der Planer einer solchen Situation unterliegt. Vor- und Nachteile seiner Position werden beschrieben.

Environment and planning A 19(1987)Nr.11, S.1463–1475
IRB Z 1268

Ottmann,Paul:
150 **Wohnungspolitik. Familienpolitik im Abseits?** (Ref.dt.)

So üppig Subventionen in allen Wirtschaftszweigen im
Übermaß gewährt worden sind, die – wie sich zeigt – nur
schwer wieder abgebaut werden können, so sehr wurde in
der Wohnungswirtschaft eine für die Nachfrage tragende
Bevölkerungsgruppe im Vergleich zu ihrer Bedeutung im
Hinblick auf Subventionen sehr vernachlässigt: die junge
Familie. Sie gehörte in den vergangenen Jahren keineswegs
zu den besonders geförderten und unterstützten
Personenkreisen. Dabei handelt es sich um eine der
ergiebigsten Gruppen, die Subventionen in eine kaum zu
überbietende Produktivität umsetzen würde.

FWW. Die freie Wohnungswirtschaft 42(1988)Nr.4, S.55–58
IRB Z 464

Egunjobi,Layi; Oladoja,Ayoade:
151 **Administrative constraints in urban plannning and
development.** (engl.)
(Administrative Hürden in Stadtplanung und
Stadtentwicklung)

In Nigeria stehen die Städte – wie in den meisten
Entwicklungsländern – vor dem Problem eines ständigen
Bevölkerungszuwachses und damit einhergehend einer
weitgehend unkontrollierten Verstädterung. Die planende
Verwaltung muß mit diesen Randbedingungen und mit der
zunehmenden Komplexität der Strukturen fertig werden. Am
Beispiel der Stadt Ibadan wird die Organisation der Planung
und Planungsverwaltung erläutert. Es wird dargestellt wie
die einzelnen Behörden zusammenarbeiten bzw. welche
Schwierigkeiten in der Zusammenarbeit bestehen. Die
Ursachen für bestehende Defizite werden ebenso
angesprochen wie Möglichkeiten zu deren Überwindung.

Habitat International 11(1987)Nr.4, S.87–94
IRB Z 1365

Nebe,Johannes Michael:
152 Residential segregation of ethnic groups in West German cities. (engl.)
(Räumliche Segregation ausländischer Bevölkerungsgruppen in den Städten der Bundesrepublik Deutschland)

Der Aufsatz beschreibt die Einwanderungsphasen ausländischer Arbeitnehmer und ihrer Familien seit Beginn der siebziger Jahre in die Bundesrepublik. Untersucht werden die regionale Verteilung und die innerstädtische räumliche Segregation der Ausländer. Statistische Daten aus den Großstädten zum Ausländeranteil an der Bevölkerung und zur nationalen Zugehörigkeit werden präsentiert. Abschließend werden die Probleme für die angestrebte Integration der Ausländer diskutiert.

Cities 5(1988)Nr.3, S.235-244
IRB Z 1718

Manzanal,Mabel:
153 Argentina's urban system and the economic crisis. (engl.)
(Das argentinische Stadtsystem und die Wirtschaftskrise)

Cities 5(1988)Nr.3, S.260-267
IRB Z 1718

Müller,Günter:
154 Entwicklung und Struktur der Bevölkerung in Hamburg.

Hamburg in Zahlen (1988)Nr.3, S.60-67
BfLR St Hmb Mh

155 Wohnungsbestand, Wohnungsqualität und
Bevölkerungsstruktur 1971 bis 1981. F 791.

ÖIAZ. Österreichische Ingenieur- und Architekten-Zeitschrift
134(1989)Nr.5, S.313-314
IRB Z 393

Congdon,Peter:
156 **Modelling migration flows between areas. An analysis
for London using the census and OPCS Longitudinal
Study. (engl.;Ref.dt.,engl.,franz.)**
(Modelldarstellung der Wanderungsströme zwischen
Stadtgebieten. Eine Analyse für London unter Verwendung
von Daten der Volkszählung und der
OPCS-Längsschnittuntersuchung)

Diese Analyse der Wanderungsbewegung zwischen den
Londoner Stadtteilen bedient sich eines diskreten
Wahrscheinlichkeitsmodells, das jedoch einer Korrektur für
das Streuungsmaß unterworfen ist, das über die
Poisson-Verteilung hinaus auftritt. Die verwendeten Daten
zu den Wanderungsströmen entstammen zum einen der
Volkszählung 1981, zum anderen der über die Jahre 1971
bis 1981 durchgeführten OPCS-Längsschnittstudie. Es
wird deutlich, daß über die nach dem Gravitationsansatz als
wirksam angenommenen Faktoren Distanz und Masse
hinaus Wohn- und Arbeitsmarktfaktoren zur Erklärung
heranzuziehen sind. Auf dem Arbeitsmarkt werden durch
Wanderungenen Überangebote der Arbeitskräfte
ausgeglichen. Für die Zeit der Rezeßsion 1980 bis 1981 gilt
dies jedoch nur eingeschränkt.

Regional Studies 23(1989)Nr.2, S.87-103
IRB Z 1103

Kaufmann,Albert; Bständig,Gerhart; Kunz,Peter:
157 **Wohnungsbestand, Wohnungsqualität und Bevölkerungsstruktur 1971 bis 1981. Kurzbericht.**

Kurzberichte aus der Bauforschung 31(1990)Nr.1, S.1-7
IRB Z 12

Hughes,Mark Alan:
158 **Moving up and moving out – confusing ends and means about ghetto dispersal.** (engl.)
(Sozialer Aufstieg und Wegzug – verwirrende Ziele und Meinungen zur Auflösung von Ghettos)

Die amerikanische Gesellschaft erwartet die Assimilation ethnischer Minderheiten. Ausgehend vom offensichtlichen Fehlschlag der gesellschaftlichen Assimilation und Integration der schwarzen Bevölkerung in den Ghettos der Großstädte überprüft der Autor die Assimilationstheorie und die ihr zugrundeliegenden Annahmen. Das Modell Assimilation wird zur Bestimmung der sozialen und ökonomischen Segregation der schwarzen Bevölkerung im Kern dreier Stadtregionen verwendet. Daraus werden Fragestellungen zur Beziehung zwischen Ghetto als Wohnstandort und ökonomischer Situation abgeleitet. Es wird gefragt, ob der Wegzug aus dem Ghetto oder dessen Auflösung Assimilation und sozialen Aufstieg ermöglichen können. Dies wird für die Mehrheit der Betroffenen verneint.

Urban studies (Harlow) 24(1987)Nr.6, S.503-517
IRB Z 1171

Danermark,Berth; Jacobson,Tord:
159 **Local housing policy and residential segregation.** (engl.)
(Örtliche Wohnungspolitik und wohnungsbedingte Segregation)

Ziel des Beitrags ist es, die Zusammenhänge zwischen der örtlich in Städten betriebenen Wohnungspolitik und Erscheinungsformen wohnstandortbedingter Segregation aufzuzeigen. Als örtliche Wohnungspolitik werden die Entscheidungen über die zu bauenden Wohnformen, insbesondere Wohneigentum oder Mietwohnungen, verstanden. Segregation wird über die Sozialgruppenzugehörigkeit und die Einkommenshöhe definiert. Drei strukturell ähnliche schwedische Städte werden miteinander verglichen. Im Ergebnis zeigt sich, daß die wohnstandortbezogene Segregation dort besonders stark ist, wo die Wohnungspolitik besonders marktorientiert ist und keine Mischung verschiedener Wohnformen angestrebt wird. Umgekehrt ergibt sich, daß über den Wohnungsbau sehr wohl einer nicht gewünschten Segregation entgegengewirkt werden kann.

Scandinavian Housing and Planning Research 6(1989)Nr.4, S.245–256
IRB Z 1613

Dinse,Jürgen:
160 **Aussiedler – das Beispiel Bremen. (Ref.dt.)**

Das Land Bremen hat im Jahr 1988 einen größeren Anteil an Aussiedlern (einschließlich Übersiedlern aus der DDR) aufgenommen, als sein Bevölkerungsanteil an der Bevölkerung der Bundesrepublik beträgt. Damit wird die allgemeine Beobachtung bestätigt, daß Aussiedler vorwiegend in Großstädte ziehen. Die Strukturen der Aussiedler unterscheiden sich von denjenigen der Einheimischen hinsichtlich (1) Alterszusammensetzung: Unter Aussiedlern sind jüngere Altersgruppen stärker vertreten; (2) Haushaltsstruktur: Einpersonenhaushalte und solche mit fünf und mehr Personen sind häufiger anzutreffen; (3) Erwerbstätigkeit: Aussiedler, insbesondere Frauen, sind in höherem Maße erwerbstätig als Einheimische; (4) Erwerbsstruktur: Aussiedler haben überwiegend Fertigungs– und technische Berufe. Die Frage der Unterbringung gestaltet sich in Bremen nicht so schwierig wie in anderen Großstädten. Ein Wohnungsbauprogramm, aus dem auch Aussiedler versorgt werden sollen, ist in Vorbereitung. Die Eingliederung in den Arbeitsmarkt stößt auf Schwierigkeiten. Zur Förderung der Eingliederung von Kindern und

Jugendlichen sind vor allem im schulischen Bereich Maßnahmen ergriffen worden. Im Bereich der berufsbildenden Schulen sind zur Zeit keine besonderen Integrationshilfen erforderlich.

Informationen zur Raumentwicklung (1989)Nr.5, S.389-396
IRB Z 885

161 Landesentwicklungsplanung im Kreuzfeuer. Auswirkungen der Bevölkerungsentwicklung in Nordrhein-Westfalen bis 1990. Öffentliche Vortragsveranstaltung mit anschließender Podiumsdiskussion am 17.Februar 1978, im Saalbau Essen.

Nach einleitendem Referat über Prognosen zur Bevölkerungsentwicklung und regionalen Aspekten der prognostizierten negativen Bevölkerungsentwicklung in Nordrhein-Westfalen bis 1990, werden daraus resultierende mögliche demographische, infrastrukturelle, wirtschaftliche kommunale und andere fachspezifische Fragenkreise und Konzequenzen im Rahmen einer Podiumsdiskussion erörtert.

Düsseldorf: 1978. 40 S.
Hrsg.: Deutscher Verband für Wohnungswesen, Städtebau und Raumplanung e.V., Landesgruppe Nordrhein-Westfalen, Düsseldorf
IRB 8498

Rauch,Paul:
162 Wanderungsströme zwischen Großstädten.

Aus dem Vergleich der Wanderungen zwischen Großstädten mit den Wanderungen überhaupt ergibt sich, daß diese einerseits unterrepräsentiert, andererseits

weniger konjunkturbeeinflußt sind.

In: Bericht über die 78. Tagung in Kiel
Kiel: 1978. S.423-430
Verband Deutscher Städtestatistiker (Tagung), Nr.: 78
Kiel (Deutschland, Bundesrepublik), 1978.
Hrsg.: Verband Deutscher Städtestatistiker -VDSt-, Kiel
BfLR X 26

König,Karl:
163 **Zum Problem der Randwanderung in den Städten.**
Eine Modellstudie am Beispiel der Stadt Augsburg.

Dem Wachstum großstädtischer Agglomerationen steht ein
Bevölkerungsverlust in den Ballungszentren gegenüber. Am
Beispiel der Stadt Augsburg wird versucht diese Vorgänge
näher zu analysieren. Einleitend wird eine Abgrenzung des
Randbereichs vorgenommen. Die Analyse der
Randwanderung umfaßt das Volumen und die Struktur der
Wanderungen im Zeitraum von 1960-1967. Abschließend
werden die Bevölkerungsumschichtungen im
Siedlungsraum Augsburg quantifiziert.

In: Boustedt,O.: Beiträge zur Frage der räumlichen Bevölkerungsbewegung

Hannover: Jänecke 1970. S.99-113
= Forschungs- und Sitzungsberichte der Akademie für Raumforschung
und Landesplanung, Raum und Bevölkerung; 55/9.
Hrsg.: Akademie für Raumforschung und Landesplanung -ARL-,
Forschungsausschuss Raum und Bevölkerung, Hannover
ILS A32/45

Baldermann,Udo:
164 **Wanderungsverlauf und Einzugsbereich**
westdeutscher Großstädte.

Es wird das Wanderungsvolumen deutscher Großstädte der
Jahre 1950-1965 dargestellt und kommentiert. Die Analyse
der Wanderungsverflechtungen in der Bundesrepublik,
unter besonderer Berücksichtigung der Großstädte brachte

folgende Ergebnisse: 1. Die Intensisität der Verflechtungen nimmt bei großen Städten mit zunehmender Entfernung ab. 2. Bei einer Wanderung zwischen Großstädten spielt der Faktor Entfernung eine geringere Rolle als bei der Wanderung zwischen Stadt und Land. 3. Die Ausdehnung des Einzugsbereiches wird von der Größe bzw. Attraktivität der Stadt entscheidend mitbestimmt.

In: Beiträge zur Frage der räumlichen Bevölkerungsbewegung
Hannover: Jänecke 1970. S.77-97
= Forschungs- und Sitzungsberichte der Akademie für Raumforschung und Landesplanung, Raum und Bevölkerung; 55/9.
Hrsg.: Akademie für Raumforschung und Landesplanung -ARL-, Forschungsausschuss Raum und Bevölkerung, Hannover
ILS A32/45

Siewert,Hans-Joerg:
165 **Lokale Elitesysteme. Ein Beitrag zur Theoriediskussion in der Community-Power-Forschung und ein Versuch zur empirischen Überprüfung.**

Die empirische Studie versucht, das lokale Entscheidungssystem einer finanzstarken süddeutschen Industriestadt (Reutlingen) darzustellen und zu hinterfragen. Dabei werden nicht nur Mitglieder des Politikbereichs befragt, sondern auch Entscheidungsträger im Wirtschafts-, Kultur- und Erziehungsbereich. Beschrieben werden Art und Ausprägung lokaler Macht-Entscheidungsstrukturen. Darüberhinaus wird der Frage nachgegangen, ob es einen örtlichen Konsens der "Eliten" in den verschiedenen Teilbereichen der Kommune gibt. Methodisch nähert sich die Arbeit über bislang entwickelte Ansätze hinaus dem Problem einer Strukturanalyse eines ausdifferenzierten lokalen Elitesystems mittels einer Verknüpfung bislang isoliert abgehandelter Theoriesegmente aus den Bindestrichsoziologien Gemeinde-, Gruppen- und

Kriminalsoziologie.

Königstein: Hain 1979. 231 S.

phil.Diss.; Tübingen 1977

= Sozialwissenschaftliche Studien zur Stadt- und Regionalpolitik; 12.

SEBI 80/4995

Koschnick,Hans:
166 **Stadtentwicklung aus kommunalpolitischer Sicht.**

In: Stadtentwicklung als politischer Prozeß
Heidenheim/Brenz: 1978. S.9-31
= Heidenheimer Schriften zur Regionalwissenschaft; 4.
SEBI 80/5965

Göb,Rüdiger:
167 **Bevölkerungsabnahme und kommunaler Handlungsspielraum.**

In: Bevölkerungsrückgang - Risiko und Chance. Loccumer bevölkerungspolit. Tag
Loccum: 1978. S.71-103
= Loccumer Protokolle; 23.
Hrsg.: Evangelische Akademie, Loccum
SEBI 80/1000-F4

Michel,Dieter:
168 **Landesentwicklungspolitische Probleme bei abnehmender Gesamtbevölkerung.**

In: Bevölkerungsrückgang - Risiko und Chance. Loccumer bevölkerungspolit. Tag.
Loccum: 1978. S.172-182
= Loccumer Protokolle; 23.
Hrsg.: Evangelische Akademie, Loccum
SEBI 80/1000-F4

Ordemann,Hans-Joachim:
169 **Bevölkerungsrückgang und Kommunalpolitik.**

In: Bevölkerungsentwicklung und Kommunalpolitik
Baden-Baden: Nomos 1979. S.25-36
= Schriften der Friedrich-Naumann-Stiftung. Wissenschaftliche Reihe
SEBI 79/6688

Selke,Welf:
170 **Die Bedeutung der regional differenzierenden Prognostik für die bevölkerungspolitische Diskussion.**

In: Bevölkerungsentwicklung und Kommunalpolitik
Baden-Baden: Nomos 1979. S.47-62
= Schriften der Friedrich-Naumann-Stiftung. Wissenschaftliche Reihe
SEBI 79/6688

171 **Wanderungsmotive. Ein Vergleich neuerer Untersuchungen für Berlin und andere Großstädte.**

In: Motivation der Bevölkerungswanderung von bzw. nach Berlin.
Endbericht
Berlin/West: 1978. ca.90 S.
Hrsg.: Berlin/West, Senatskanzlei, Planungsleitstelle
BfLR C 13095

172 **Strukturdaten der Stimmbezirke zur Kommunalwahl 1979.**

Für die 417 Gebietseinheiten, die in Köln die kleinsten räumlichen Einheiten des Wahlgeschehens bilden, wurden verschiedene Strukturdaten zusammengestellt: Es wird ein Überblick über die aktuelle Bevölkerungsstruktur am 1.1.79 gegeben; außerdem wird die Altersstruktur der wahlberechtigten Bevölkerung mit der bei der letzten Kommunalwahl 1975 verglichen. In weiteren Tabellen sind die Wahlergebnisse der Kommunalwahl und der Bundestagswahl 1976 und die Struktur der Bevölkerung nach Ausbildungsniveau und Stellung im Beruf dargestellt.

Die Angaben zur Sozialstruktur stammen allerdings aus der Volkszählung 1970 und können daher nur noch als Näherungswerte gelten.

Köln: 1979. 189 S.
= Kölner Statistische Nachrichten.
Hrsg.: Köln, Statistisches Amt
SEBI 79/6475-4

Böttcher,Hartwig:
173 **Ballungsgebiete und räumliche Disproportionalitäten, BRD. Unterrichtseinheit für einen Grundkurs in der Sekundarstufe II.**

Die vorliegende Unterrichtseinheit – zunächst als Examensarbeit konzipiert – ist in überarbeiteter Form veröffentlicht worden, mit dem Ziel, dazu beizutragen, dem Monopol der Schulbuchverlage durch Selbstanfertigung sogenannter "grauer" Unterrichtsmaterialien entgegenzuwirken. Sie kann im Kurssystem der reformierten Oberstufe im gesellschaftswissenschaftlichen Aufgabenfeld eingesetzt werden unter dem Thema: Wirtschaftliche und soziale Strukturen und Prozesse in ausgewählten Industriestaaten. Das Ziel des Unterrichtsvorhabens ist es, das Spannungsfeld von Ballungsgebieten und agrarisch strukturierten Entleerungsgebieten zu beschreiben als Folge der seit Beginn der Industrialisierung zu beobachtenden räumlichen Differenzierungsprozesse. Somit liegt der Schwerpunkt auf der Erarbeitung und Systematisierung der ökonomischen Mechanismen des Agglomerationsprozesses. Der Autor ist bemüht, das Unterrichtsvorhaben besonders anschaulich darzulegen, um so eine optimale praxisorientierte Handhabung zu ermöglichen.

Göttingen: 1977. 69 S.
= Geographische Hochschulmanuskripte; 5.
Hrsg.: Gesellschaft Zur Förderung Regionalwissenschaftlicher Erkenntnisse e.V., Göttingen
SEBI 4-78/1683

Neurohr,W.:
174 **Positive Aspekte und Chancen des Bevölkerungsrückganges.** Statt Konkurrenzkampf um Einwohnerzahlen neue Wertsetzungen in der Planungspolitik – Ein Appell an Planer, Politiker und Demographen, nach der Tendenzwende umzudenken.

Der Verfasser wendet sich vor allem gegen die Phantasielosigkeit der Planer, die auf die Tendenzwende in der Bevölkerungsentwicklung lediglich mit dem Ruf nach aktiver Bevölkerungspolitik und der Forderung nach Erschließung neuer Einfamilienhausgebiete reagieren. Statt um Anpassungsstrategien und geringfügige Kursänderungen geht es seiner Meinung nach um eine grundlegende Neuorientierung aller Planungsziele und politischen Wertsetzungen weg von der Wachstumsorientierung zum Denken in Alternativen, die hier allerdings nicht näher beschrieben werden.

o.O.: 1979.
SEBI 80/3287–4

Böttcher,Hartwig:
175 **Ballungsgebiete und räumliche Disproportionalitäten, BRD. Unterrichtseinheit für einen Grundkurs in der Sekundarstufe II.**

Die vorliegende Unterrichtseinheit – zunächst als Examensarbeit konzipiert – ist in überarbeiteter Form veröffentlicht worden, mit dem Ziel, dazu beizutragen, dem Monopol der Schulbuchverlage durch Selbstanfertigung sogenannter "grauer" Unterrichtsmaterialien entgegenzuwirken. Sie kann im Kurssystem der reformierten Oberstufe im gesellschaftswissenschaftlichen Aufgabenfeld eingesetzt werden unter dem Thema: Wirtschaftliche und soziale Strukturen und Prozesse in ausgewählten Industriestaaten. Das Ziel des Unterrichtsvorhabens ist es, das Spannungsfeld von Ballungsgebieten und agrarisch strukturierten Entleerungsgebieten zu beschreiben als Folge der seit Beginn der Industrialisierung zu beobachtenden räumlichen Differenzierungsprozesse. Somit liegt der

Schwerpunkt auf der Erarbeitung und Systematisierung der ökonomischen Mechanismen des Agglomerationsprozesses. Der Autor ist bemüht, das Unterrichtsvorhaben besonders anschaulich darzulegen, um so eine optimale praxisorientierte Handhabung zu ermöglichen.

Göttingen: 1977. 69 S.
geogr.Examensarbeit; Göttingen 1977
= Geographische Hochschulmanuskripte; 5.
Hrsg.: Gesellschaft Zur Förderung Regionalwissenschaftlicher Erkenntnisse e.V., Göttingen
SEBI 4-78/1683

Schwarz,Karl:
176 **Die Bevölkerungsentwicklung in den Ballungsgebieten.**

Die Bevölkerungsentwicklung der Ballungsgebiete wird für drei Zeiträume beschrieben, nämlich bis 1939, 1939-1950, 1950 bis zur Gegenwart (1961). Dabei wird auf die natürliche Bevölkerungsentwicklung, die Bevölkerungszunahme durch die Flüchtlingsströme und Wanderungen eingegangen. Besonders für den letzten Zeitraum wird zwischen direktem Stadtgebiet und Ballungsumland differenziert. Eine Vorausschätzung der Bevölkerungsentwicklung in Ballungsgebieten für die Jahre 1970, 1980 und 1990 beendet den Artikel.

In: Die Entwicklung der Bevölkerung in den Stadtregionen
Hannover: Jänecke 1963. S.23-63
= Forschungs- und Sitzungsberichte der Akademie für Raumforschung und Landesplanung, Raum und Bevölkerung; 22/2.
Hrsg.: Akademie für Raumforschung und Landesplanung -ARL-, Forschungsausschuss Raum und Bevölkerung, Hannover
ILS A 32/22

Meyer,Thomas:
177 **Siedlungs- und Wirtschaftsentwicklung am Südrand des Hamburg-Harburger Stadtgebietes.**

Aufgabe dieser Untersuchung ist es, die Strukturwandlungen des südlichen Vorlandes Hamburgs seit der ersten Hälfte des 19. Jahrhunderts bis zur Gegenwart darzustellen, also das Hineinwachsen einer einst weithin agrarisch bestimmten Landschaft in den großstädtischen Einflußbereich und damit die Durchsetzung der ländlichen Bezirke mit städtisch-industriellen Elementen. Im wesentlichen werden drei Problemkreise aus dem Spannungsfeld der Beziehungen zwischen Stadt und Land behandelt: Die Siedlungs- und Bevölkerungsstruktur, die Industrie im großstädtischen Randbezirk und die Landwirtschaft in ihren Anpassungsformen an den Markt der nahen Großstadt. Die sozialgeographische Arbeit zeichnet die Entwicklungsgeschichte eines konkreten stadtnahen Kulturlandschaftsgebietes nach. Im siedlungsgeographischen Teil wird die Stadt Harburg, gegenwärtig Bestandteil des hamburgischen Staatsgebietes, knapp dargestellt. Im Zentrum der Arbeit steht eine Darstellung und Analyse des Verstädterungsprozesses ausgewählter, ehemals rein ländlicher Ortschaften, die nach Lage, Grad und zeitlichem Ablauf ihrer Überformung sowie hinsichtlich ihrer Selbständigkeit jeweils spezifische Typen abgeben. Im agrar- und industriegeographischen Teil werden in zwei zeitlichen Querschnitten die alten mit den heutigen Verhältnissen konfrontiert.

Hildesheim: 1966. VII,191 S.
math.-naturwiss.Diss.; Hamburg 1966
= Veröffentlichungen des niederssächsischen Inst. für Landeskunde u.Landesentwickl. a.d. Univ. Göttingen; Reihe A, Forschungen z.Landes- u.Volkskunde; 80.
SEBI U 939

Marx,Detlef:
178 Bewertung der Kernstadt–Randwanderung und Maßnahmen aus der Sicht der Kernstädte.

In: Bevölkerungsabnahme und räumliche Auswirkungen
Berlin/West: 1979. S.169–202
= Inst. f. Städtebau Berlin d. Dt. Akad. f. Städtebau u. Landesplanung; 15.
SEBI 79/2053–4

Schwarz,Karl:
179 Die Bevölkerungsentwicklung in den Ballungsgebieten.

Zeitreihenanalyse der Bevölkerungsentwicklung in den
Verdichtungsräumen der Bundesrepublik Deutschland nach
Gemeindegrößenklassen für die Zeit bis 1939, von 1939 bis
1950 und seit 1950 und Prognose bis 1990. Die
Ballungstendenzen, die mit der Industriealisierung
einsetzten und sich – zeitlich und regional unterschiedlich
– fortsetzten, hatten zur Folge, daß 1961 etwa 50 Prozent
der Gesamtbevölkerung in Stadtregionen lebten. Für die
Zukunft zeichnet sich eine Verlangsamung des Zuwachses
der großen Kernstädte ab. Dies gilt nur für den Kern,
während sich die Randzonen der Stadtregionen,
insbesondere die Nahverkehrsbereiche, weiter verdichten
und räumlich ausdehnen.

In: Die Entwicklung der Bevölkerung in den Stadtregionen
Hannover: Jänecke 1982. S.28–63
= Forschungs– und Sitzungsberichte der Akademie für Raumforschung
und Landesplanung, Raum und Bevölkerung; 22/2.
ARL 76/135

Huth,Albert:
180 Regionale Begabungsunterschiede in der bayerischen Jugend.

Der Verfasser berichtet erstmalig über das Gesamtergebnis
einer zwischen 1925 und 1940 in Bayern durchgeführten
Untersuchung, bei der in regionaler Differenzierung nach

Arbeitsamtbezirken zehn verschiedene Bagabungseigeschaften erfaßt wurden: produktive und rezeptive Begabung, Begabung für Form, Sprachen, Zahlen oder Technik, zur feineren Differenzierung, Fähigkeit bei der Arbeit wie Überblick, Sorgfalt, persönliche Schnelligkeit und Tempo bei Sorgfaltsarbeiten. Der Verfasser beschreibt die regionale Verteilung jeder dieser Eigenschaften für die Teilräume Pfalz, NW- und SE-Bayern und stellt u.a. heraus, daß in der Großstadtbevölkerung alle Eigenschaften des Hinterlandes in gesteigertem Maß wiederzufinden sind. Weiterhin erweist sich, dass Stammesunterschiede bisher weit überschätzt wurden.

In: Raum und Gesellschaft. Referate und Ergebnisse der gemeinsamen Tagung der Forschungsausschüsse "Raum und Gesellschaft" und "Großstadtprobleme".
Bremen: Dorn 1952. S.166-174
= Forschungs- und Sitzungsberichte der Akademie für Raumforschung und Landesplanung.
ARL 76/141

Swanson,Bert E.:
181 **Discovering the community. Comparative analysis of social, political, and economic change. (engl.)**

Dieses Buch ist ein übersichtlicher interdisziplinärer Führer durch die sozialen, politischen und ökonomischen Dimensionen amerikanischer Gemeinden. Besondere Aufmerksamkeit gilt dem Willensbildungsprozeß im Gemeinwesen. Mit Hilfe dieses Buches können Interessenten die Bevölkerungszusammensetzung, das Wahlverhalten und die Finanzpolitik jedes größeren oder kleineren Gemeinwesens untersuchen. Von daher ist es besonders geeignet für Studenten, die sich mit Themen der Stadtplanung, Stadtsoziologie, Stadtentwicklung usw. beschäftigen. Die Erhebung und Auswertung von Daten hat dabei einen Vorrang vor theoretischen Fragen der Stadtentwicklung.

New York/N.Y.: Irvington 1977. 391 S.
SEBI 80/1380-4

Zerweck,Peter:

182 Auswirkungen und Konsequenzen kleinräumiger Bevölkerungsmobilität im kommunalen Planungsbereich soziale Infrastruktur.

In: Stadt-Umland-Wanderung und Betriebsverlagerung in Verdichtungsräumen

Dortmund: 1981. S.89-114

= Dortmunder Beiträge zur Raumplanung; 23.

Hrsg.: Univ. Dortmund, Institut für Raumplanung -IRPUD-

SEBI 82/3401

183 Ljudi v gorode i na sele. (russ.)
(Menschen in der Stadt und auf dem Lande)

Der Sammelband enthält 10 Artikel, die sich vorwiegend mit demographischen und sozialen Aspekten der Urbanisierung in der UdSSR beschäftigen. Unter dem Blickwinkel der allmählichen Verringerung bzw. Beseitigung wesentlicher Unterschiede zwischen Stadt und Land werden von den Autoren in erster Linie Entwicklungstendenzen von Bevölkerungsstrukturen in Stadt und Land dargestellt.

Moskva: Statistika 1978. 101 S.

= Narodonaselenie; 24.

IGG 1979 B 604

Kausel,Teodoro:

184 Zur Bestimmung von Zielen für die räumliche Bevölkerungsverteilung - ein nichtlineares Programmierungsmodell.

Eines der wichtigsten Probleme der Raumordnung - vor allem für viele Entwicklungsländer - ist die zunehmende Konzentration der Bevölkerung in wenigen Ballungsräumen bei gleichzeitiger Entleerung anderer Teilgebiete. Dieser Prozeß führt zu sozialen Erosionen in den Abwanderungsräumen und zu sozialen Konflikten, wegen der Engpässe der Infrastruktur, in den Zuwanderungsräumen. Aufgabe der Raumordnungs- und der Regionalpolitik ist es, in diese Entwicklung korrigierend einzugreifen. In der Untersuchung wird am Beispiel Chiles ein multiregionales Programmierungsmodell vorgestellt, welches die Theorie der Zentralen Orte aufgreift und von daher für jeden Wirtschaftssektor den optimalen Standort bezüglich der Produktions- und Transportkosten bestimmt. Jedem Standort wird die optimale räumliche Beschäftigungs- und Bevölkerungsverteilung in Form von (wünschenswerten oder anzustrebenden) Soll- Werten zugewiesen.

Münster: 1980. X,164 S.
wirtsch.Diss.; Münster 1979/80
= Beiträge zum Siedlungs- und Wohnungswesen und zur Raumplanung; 58.
Hrsg.: Univ. Münster/Westf., Institut für Siedlungs- und Wohnungswesen
SEBI 81/1852

185 **Raumordnung und Landesplanung in Norwegen.**

Die besonderen Rahmenbedingungen (Entfernungen, schwierige naturräumliche Verhältnisse) und die Entwicklung der Planung werden dargestellt. Danach werden die verschiedenen Ebenen, Instrumente und Koordinierungsmaßnahmen und der Entwurf für ein neues Planungsrecht erläutert. Hauptziele der Planungen sind die Förderung von Wachstum und Vollbeschäftigung in allen Landesteilen. Die besondere Bedeutung der langfristigen gesellschaftlichen und wirtschaftlichen Planung wird betont. Das Land verfügt über ein "kaum überschaubares planungsrechtliches und ökonomisches Instrumentarium". Der Entwurf für ein neues Planungsrecht strebt mehr Kompetenzen für die Gemeinden sowie Demokratisierung,

Dezentralisierung und vereichfachte Verfahren an.

In: Raumordnung und Regionalplanung in europäischen Ländern. Tl.2.
Skandinavien
Hannover: Schrödel 1981. S.43–73
= Forschungs- und Sitzungsberichte der Akademie für Raumforschung
und Landesplanung, Beiträge; 54.
Hrsg.: Akademie für Raumforschung und Landesplanung –ARL–,
Hannover
IRB 59Rau

186 Familien- und Jugendpolitik in den Gemeinden.

Fragen der "kinderfreundlichen Umwelt", der finanziellen
Hilfen für Familien und der beruflichen Perspektiven von
Jugendlichen stehen im Mittelpunkt des Referates von Antje
Huber. Möglichkeiten praktischer Politik im Hinblick auf die
derzeitige Situation von Familie und Jugend zeigt J.Th.
Blank auf. Dabei werden insbesondere Maßnahmen auf
dem Gebiet der Umweltplanung, der Freizeitgestaltung, des
Wohnungsbaus, der Erziehungsbeihilfen und der
Drogenbekämpfung angesprochen. Das grundsätzliche
Problem der heutigen Jugend, den Konflikt zwischen
Aufbruch und Verweigerung, spricht der Bundesminister für
Jugend, Familie und Gesundheit im dritten Beitrag des
Bandes an.

Göttingen: Schwartz 1982. 100 S.
= Schriftenreihe des Deutschen Städte- und Gemeindebundes; 38.
Hrsg.: Deutscher Städte- und Gemeindebund –DSTgb–, Düsseldorf
SEBI 82/2570

Stäsche,M.:
187 Die Bevölkerungsentwicklung in den Großstädten mit über 300000 Einwohnern 1968 bis 1977.

Statist.MBer., Bremen 31(1979)Nr.2, S.43–56
BfLR St Bremen Mh

Burkhardt-Osadnik,Lucie:
188 Tendenzen der Urbanisierung und der
Bevölkerungsagglomeration in der DDR in den Jahren
1950 bis 1973.

Io. f. Wirtschaftsgesch., Berlin/Ost (1976)
FMI 6 G 15-1976, T.1

Stäsche,Manfred:
189 Struktur und Entwicklung der ausländischen
Wohnbevölkerung in 18 Großstädten der
Bundesrepublik Deutschland von 1975 bis 1979.

Statist.Mber.Land Freie Hansestadt Bremen 33(1981)Nr.4, S.128-143
BfLR St Bremen Mh

Mooser,Josef:
190 Gleichheit und Ungleichheit in der ländlichen
Gemeinde. Sozialstruktur und Kommunalverfassung
im östlichen Westfalen vom späten 18. bis in die Mitte
des 19. Jahrhunderts.

Archiv für Sozialgeschichte 19(1979)S.231-262
SEBI Zs 1372-19

191 Wanderungsmotivuntersuchung – Möglichkeiten und Grenzen der Wanderungsstatistik.

Es ist Ziel der Untersuchung, die Möglichkeiten und Grenzen der bestehenden Wanderungsstatistik der Länder und Kommunen bei der Bestimmung von regionalen Mobilitätsvorgängen, Verflechtungsmustern, Segregationsprozessen und Wanderungsursachen zu analysieren und darzustellen.
METHODEN:
Empirische Untersuchung. Auswertung: EDV-gestützt, tabellarisch, graphisch, Kartierung.
INFORMATIONSBASIS:
Amtliche Statistik (Wanderungsstatistik Baden-Württemberg und Stuttgart).
ERGEBNISSE:
Am Beispiel der Wanderungsverflechtung Stuttgarts und ausgewählter Stadtteile konnte aufgezeigt werden, daß eine differenzierte zeitliche, räumliche und strukturelle (Alter, soziale Stellung) Gliederung von Wanderungsstatistiken brauchbare Schlüsse auf die Bestimmungsfaktoren zulässt.

Projektzeit: 04.75 – 12.77

Bearbeitung:
Stuttgart, Statistisches Amt(Ausf.Stelle)
Kaiser, Klaus, Dipl.-Geogr.(Bearb.)
7801-000167

192 Wanderungsdeterminanten der Ab- und Zuwanderer der Städte Mainz und Wiesbaden.

In der Untersuchung sollen die Gründe für die Nahab- und -zuwanderung in den Städten Mainz und Wiesbaden sowie die Wanderungsmotive der Fernwanderer und das Mobilitätsverhalten der einzelnen Wanderungsgruppen analysiert werden und damit eine Grundlage für die kommunalen Entscheidungen geschaffen werden. Es wird jeweils die Situation hinsichtlich des Arbeitsplatzes, der Wohnung, des Wohnortes, der Familie und der sozialen Kontakte vor und nach dem Umzug untersucht.

METHODEN:
Empirische Untersuchung auf der Grundlage von
Einzelinterviews (2000 Nahwanderer und Fernzuwanderer
der beiden Untersuchungsstädte) und Befragungen (1000
Fernabwanderer aus den Städten). Auswertung:
EDV-gestützt, SPSS, Chi-Quadrat-Methode,
Varianzanalyse.
INFORMATIONSBASIS:
Amtliche Statistik und Ergebnisse der eigenen Erhebung.
ERGEBNISSE:
Die Gruppen der städtischen Ab- und Zuwanderer und der
Nah- und Fernwanderer weisen jeweils unterschiedliche
Motivverteilungen auf, haben unterschiedliche
Sozialstrukturen und zeigen ein differenziertes
Mobilitätsverhalten. Ökonomische Gründe haben nicht den
in der Wanderungsliteratur angeführten hohen Stellenwert.

Projektzeit: 04.73 - 04.76

Bearbeitung:
Univ. Mainz, Institut für Soziologie(Ausf.Stelle)
Landwehrmann, Friedrich, Prof.Dr.(Proj.-Leit.); Marel, Klaus,
Dipl.rer.soc.(Bearb.); Sudek, Rolf, Dipl.rer.soc.(Bearb.)
7801-000256

193 Motivation der Bevölkerungswanderung von bzw. nach Berlin-West.

Es sollen die Motive ermittelt werden, die zum Zu- bzw.
Wegzug von Haushalten nach bzw. von Berlin führten und
festgestellt werden, ob die Gesamtheit der wandernden
Haushalte auf typische planungsrelevante Gruppen
reduziert werden kann.
METHODEN:
Befragung von im Zeitraum Februar bis Mai 1977 von Berlin
weggezogen bzw. nach Berlin zugezogenen Haushalten
(Stichprobe: 2 mal 4.000, Auswahlverfahren: Random).
Auswertung: tabellarisch, multivariate Analyse,
Cluster-Analyse.
INFORMATIONSBASIS:
Amtliche Statistik.

Projektzeit: 06.77 – 02.78

Bearbeitung:
Sozialforschung Brög, München(Ausf.Stelle)
Pohlmann, Günter, Dipl.-Soz.(Bearb.)
7801-000415

194 Kleinräumige Zielprognose der Bevölkerung für Bonn 1985.

Es sollen eine Zielprognose für die kleinräumige Verteilung der Bevölkerung der Gesamtstadt auf die Ortsteile und eine Altersstrukturberechnung für die Stadt Bonn für das Jahr 1985 durchgeführt werden.
METHODEN:
In Umsetzung der Ergebnisse der Wohnungsbauberichte I und II werden die Wohnungsbautätigkeit und der Wohnungsnachholbedarf bis 1985 quantifiziert und terminiert. Die Altersstrukturberechnung erfolgt in Anlehnung an die Prognose des statistischen Landesamtes.
Auswertung: tabellarisch.
INFORMATIONSBASIS:
Bevölkerungsstatistik, Wohnungsuntersuchungen des Stadtplanungsamtes Bonn, Bevölkerungsprognose (Regionalprognose) des Statistischen Landesamtes, Düsseldorf.
ERGEBNISSE:
Es werden Bevölkerungsabnahmen in den Innenstadtbereichen, Zunahmen nur noch in ausgesprochenen Neubaugebieten, eine generelle Abnahme der Kinderzahl sowie eine leichte Zunahme der alten Menschen angenommen.

Projektzeit: 08.76 – 02.77

Bearbeitung:
Bonn, Stadtplanungsamt, Abteilung Stadtentwicklungsplanung(Ausf.Stelle)
Koch, Dagmar, Dipl.-Geogr.(Proj.-Leit.); Rehsöft, Fritz, Dipl.-Ing.(Bearb.)
7801-000441

195 Instrumenten- und Entscheidungsprozesanalyse – Wohnungspolitischer Bereich – . Pilotprojekt.

In dieser Pilotstudie im Rahmen des Stadtforschungsprogramms der Robert-Bosch-Stiftung zum Themenkomplex "Funktionsverlust der Innenstädte" sollen Ablauf, Einsatz und Auswirkungen regional- und stadtentwicklungspolitischer Entscheidungsprozesse, Instrumente und Strategien zur Beeinflussung der Ab- und Zuwanderungsbewegungen in den stadtregionalen Teilräumen untersucht werden. Es wird gefragt: Mit welchen Handlungen und Instrumenten versuchen Gebietskörperschaften und der Staat, die Situation in den Teilräumen zu verbessern, und wie wirken diese Maßnahmen zur Behebung der anstehenden Probleme? METHODEN: Explorative Fallstudien auf der Grundlage von Primärerhebungen und Inhaltsanalysen am Beispiel eines nordwestlichen Raumsektors der Region Stuttgart.

Projektzeit: 04.78 – 03.79

Bearbeitung:
FU Berlin, Zentralinstitut für Sozialwissenschaftliche Forschung – Verwaltungsforschung(Ausf.Stelle)
Wollmann, Hellmut, Prof. Dr.(Proj.-Leit.); Hellstern, Gerd-Michael, Dipl.-Pol.(Proj.-Leit.); Schreiber, Hellmut, cand.phil.(Bearb.); Haag, Barbara, cand.phil.(Bearb.)
7801-000480

196 Kleinräumige Mobilität, empirische Untersuchung zum Nahwanderungsverhalten in den Städten Bochum und Düsseldorf.

Ziel des Forschungsvorhabens ist es, Einblicke in das kleinräumige Wanderungsverhalten zu gewinnen um Maßnahmen zu entwickeln, mit denen man es im Sinne der Stadt- und Regionalplanung beeinflussen bzw. ihm anderweitig Rechnung tragen kann. Diese allgemeinen Ziele sollen am Beispiel der Städte Düsseldorf und Bochum dargestellt werden.

METHODEN:
Schriftliche Befragung von je 15 000 Haushaltungen der Städte Düsseldorf und Bochum aus Anlaß einer Umzugsmeldung (Rücklaufquote knapp 50%). Auswertung: EDV-gestützt, tabellarisch, Kartierung.
ERGEBNISSE:
Bei kleinräumigen Wanderungen stehen wohnungsbezogene und persönliche bzw. familiaere Gründe im Mittelpunkt. Die häufigsten Wanderungsursachen waren unzureichende Wohnungsverhältnisse (33 v.H.). An zweiter und dritter Stelle rangieren Haushaltsgründungen und -änderungen (35 v.H.). Der Erwerb von Eigentum war zu 7 v.H. ausschlaggebend.

Projektzeit: 02.75 - 03.78

Bearbeitung:
Institut für Stadt- und Regionalentwicklung, Hofheim/Taunus(Ausf.Stelle)
Landwehrmann, Friedrich, Prof.Dr.(Proj.-Leit.); Kleinbrink, Gerhard, Dipl.-Ing.(Bearb.)
7801-000533

197 Stadtteilmodell eines Cityerweiterungsgebietes. Dargestellt am Beispiel des Frankfurter Westends.

Ziel ist es, ein praxis- und planungsbezogenes Stadtteilmodell zu entwickeln, das als Kausalmodell die direkten und indirekten interdependenten Einflüsse der für die Planung relevantesten Variablen bestimmen lässt und somit in den Planungsprozeß als Prognoseinstrument integriert werden kann. Wichtigste Aufgabe des Modells ist die strategische PLanung im Rahmen der Stadtentwicklungsplanung. Durch die Erhebung der Ziel- und Quellgebiete der an dem Cityerweiterungsprozeß beteiligten Bevölkerungsgruppen wird die Einflußnahme auf die Struktur der Wohnbevölkerung mit ihren Konsequenzen für die Infrastruktur und den damit verbundenen Kosten sichtbar.
METHODEN:
Sekundäranalyse der Daten zu 3500 Wohneinheiten bzw.

Haushalten (Zufallsauswahl spezif. Gebäudetypen, Randomverfahren). Faktoren- und Korrelatiosanalyse zur Datenaufbereitung, die mit Hilfe der Pfadanalyse in ein Modell integriert werden. Der theoretische Ansatz bezieht sich auf die Lebenszyklustheorie und den damit verbundenen planungsrelevanten Raumansprüchen der Haushalte. Auswertung: EDV-gestützt, Korrelationsanalyse, Regressionsanalyse, Zeitreihenanalyse. T-Test (Varianzanalyse), tabellarisch, graphisch, Kartierung.
INFORMATIONSBASIS:
Meldebögen der Einwohnermeldeämter.
ERGEBNISSE:
Rund 50% der Zu- und Abwanderer des Cityerweiterungsgebietes haben ihr Ziel- bzw. Quellgebiet innerhalb der Kernstadt. Die aus den Meldebögen extrahierten Variablen wurden durch eine Faktorenanalyse gestrafft. Die errechneten Faktoren (z.B. Familienstruktur, Alter, Staatsangehörigkeit) erklären 43% der gesamten Varianz.

Bearbeitung:
Alles, Roland, Dipl.-Geogr.(Bearb.)
7801-000542

198 Segregation der Wohnbevölkerung in Hamburg 1961-1970.

Es sollen sozialräumliche Hypothesen bezüglich der Veränderung der Bevölkerungsstruktur, die von der Grundannahme der Ungleichverteilung der Bevölkerung im Raum anhand ihres sozio-ökonomischen Status ausgehen, überprüft werden. Dabei werden nordamerikanische Forschungsergebnisse der Frage zugrundegelegt, inwieweit sich am Beispiel Hamburgs Segregation auch für bundesrepublikanische Verhältnisse nachweisen lässt. Anhand eines Zeitvergleichs (1961-1970) sollen das Ausmaß der Segregation, ihre Entwicklungsrichtung und Veränderung erfaßt werden. Zur Erfassung der Ursachen sollen weitere Hypothesen über Einflußfaktoren, wie bspw. selektive Migration, die anhand einer detaillierten

Beschreibung untersucht werden soll, überprüft werden.

METHODEN:
Ökologischer Ansatz (Chicagoer Schule), überprüft anhand neuerer theoretischer Erkenntnisse aus Frankreich, empirisch überprüft mittels einer deskriptiven Studie über Hamburg: Zeitvergleich auf Ortsteilebene durch Messung der Ungleichverteilung mit Segregationsindices auf der Grundlage von Inhalts- und Sekundäranalysen. Ursachenforschung auf Blockebene für ausgewählte Ortsteile und Auswertung der Wanderungsstatistik (Stichprobe: 179 Ortsteile mit der Gesamtbevölkerung Hamburgs über alle Ortsteile, Auswahlverfahren: Total; ca. 7000 Blöcke, Auswahlverfahren: Sonstiges). Auswertung: tabellarisch, Faktorenanalyse, Kartierung.

INFORMATIONSBASIS:
Amtliche Statistik (Volkszählung 1950, 1961, 1970, Gebäude- und Wohnungszählung 1957, 1961, 1968, Blockdatenzählung der Gebäude- und Wohnungszählung 1968 und der Volkszählung 1970).

ERGEBNISSE:
Das Ausmaß der Segregation hat in Hamburg entsprechend den Hypothesen zugenommen. Es findet eine Verschärfung der Gegensätze bezüglich der sozio-ökonomischen Struktur statt. Derartige Homogenisierungsprozesse sind auch dort nachzuweisen, wo von der Planung her eine Heterogenität der Bevölkerung beabsichtigt ist.

Projektzeit: 01.76 – 06.78

Bearbeitung:
Ebinal, Ingrid(Bearb.)
7801-000665

199 Kleinräumige Mobilität II. Einfluß der Wohnung und des Wohnumfeldes auf die Wohnzufriedenheit und die Wanderungsentscheidung.

Es soll untersucht werden, welche Faktoren der Wohnung und des Wohnumfeldes einen besonders starken Einfluß auf die Motivation der Bevölkerungswanderung haben, um damit zu einer gezielten Stadtplanung, insbesondere zu

Geographisches Institut
der Universität Kiel
Neue Universität

einer detaillierten Beurteilung von Wohnungsbau und Wohnungsmodernisierung beizutragen. Hierfür sollen die einzelnen Komponenten der Wohnung, des Wohnumfeldes und der Wohnbedürfnisse eingehend erfaßt und ausgewertet werden.

METHODEN:
In Bochum und Düsseldorf werden im Rahmen von Intensivgesprächen die familiaere Situation und die Umzugsmotivation einzelner Bevölkerungsgruppen erfaßt. Durch örtliche Aufnahmen werden die wichtigsten Kriterien der vorherigen und neuen Wohnung ermittelt sowie die erforderlichen Gespräche mit dem Mieter geführt. Die gewonnenen Erkenntnisse werden gewichtet und entsprechend dargestellt.

Projektzeit: 01.78 – 06.79

Bearbeitung:
Institut für Stadt- und Regionalentwicklung, Hofheim/Taunus(Ausf.Stelle)
Landwehrmann, Friedrich, Prof. Dr.(Proj.-Leit.)
7801-000741

200 Bevölkerungsentwicklung und Wohnungsbelegung – 10 Thesen zur Stadtflucht.

Untersuchung zur Bevölkerungsentwicklung und Wohnungsbelegung in Mannheim für die Jahre 1968 bis 1978 und 1978 bis 1985:
1. Schätzung der voraussichtlichen Einwohnerzahlen in den Mannheimer Stadtteilen bis 1985;
2. Zahlenmäßige Darstellung der Auswirkungen des voraussichtlichen Wohnungszugangs;
3. Prüfung der Frage, inwieweit dieses Baugeschehen die Einwohnerentwicklung, insbesondere den Wanderungsverlust, überhaupt beeinflussen kann;
4. Darstellung der voraussichtlichen Entwicklung der Belegungsdichte im alten sowie im Neubauwohnungsbestand.

METHODEN:
Inhalts- und Sekundäranalysen und Befragung von Experten aus der Verwaltung:

- Analyse der Vergangenheitsentwicklung der
Belegungsdichte in Mannheim
- Alternative Vorausschätzung der Belegungsdichte bis
1985
- Vorausschätzung der zukünftigen Bevölkerungszahl
anhand alternativer Belegungsdichten sowie dem
voraussichtlichen Wohnungsbestand 1985
- Beschreibung der Möglichkeiten und Grenzen einer
Beeinflussung der Bevölkerungsentwicklung durch
Ausweisung zusätzlichen Baurechts. Auswertung:
tabellarisch, Elastizitätsrechnungen (Einwohnerveränderung
und Wohnungsbestandsveränderung),
Extrapolationsrechnungen (Alternativ-Varianten,
wahrscheinlichste Entwicklung).
INFORMATIONSBASIS:
Statistische Daten der Stadt Mannheim, Bebauungsplan -
Rangfolgeliste des Stadtplanungsamtes.
ERGEBNISSE:
1. Da der Einfluß der natürlichen Bevölkerungsbewegung,
der von der Gemeinde her kaum beeinflußbar ist,
zunehmendes Gewicht bekommt, ist über die Wanderung
nur der kleinere Teil des Bevölkerungsrückgangs in den
Griff zu kriegen.
2. Unter Zugrundelegung bestimmter Annahmen über die
Entwicklung der Belegungsdichte lässt sich zeigen, daß der
Wohnungszugang bis 1985 nicht ausreicht, den
Wanderungsverlust (zumindest rechnerisch) zu stoppen.
3. Die weitere Anweisung von Bauland über das bisherige
Maß hinaus stösst auf Grenzen bzw. muß die Forderung
nach verstärkter Ausweisung von Bauland in ihren
Konsequenzen bedacht werden.

Projektzeit: 04.78 - 12.78

Bearbeitung:
Mannheim, Amt für Stadtentwicklung und Statistik(Ausf.Stelle)
Gormsen, N., Dipl.-Ing.(Proj.-Leit.); Walker, D., Dipl.-Volksw.(Bearb.);
Bensch, D., Dipl.-Wirtsch.-Ing.(Bearb.)
7801-001033

201 Möglichkeiten der Wohnungsbau- und Bevölkerungsentwicklung in der Stadt Siegen 1980-1990.

Kleinräumige Prognose der Wohnungsbau- und Bevölkerungsentwicklung für 23 Stadtteile Siegens.
METHODEN:
Die Prognose gliedert sich in folgende Teilabschnitte:
1. Zielprognose der Bevölkerung, ohne Wanderungen;
2. Prognose der Wohnfläche je Einwohner bei Fortschreibung des bisherigen Trends;
3. Überprüfung, inwieweit Baulücken und Wohnungsbaureserveflächen die in der Zielprognose genannte Bevölkerung abdecken können (Zusatzerhebungen: Baulückenerhebung sowie Analyse des zeitlichen Ablaufs der Bebauung ausgewählter Neubaugebiete);
4. Berechnung des Wanderungsverlustes bzw. -gewinnes aufgrund des vorhandenen Wohnbaulandes.
INFORMATIONSBASIS:
Einwohner-, Gebäude- und Wohnungs- und Bautätigkeitsstatistik, Lagepläne.

Projektzeit: 10.80 - 04.81

Bearbeitung:
Siegen(Ausf.Stelle)
Eckhardt, Rolf(Bearb.)
7801-001521

202 Wanderungsanalyse für die Stadt Bochum 1976 bis einschließlich 1979.

Räumliche Analyse des Zu- und Abwanderungsprozesses in der Stadt Bochum unter Aufgliederung der Wanderungsströme in 20 Wanderungskategorien.
METHODEN:
Sekundäranalyse; Sonderauswertung von Daten der Landesdatenbank Nordrhein-Westfalen.
ERGEBNISSE:
Ermittelt wurden gegenläufige Wanderungstendenzen von

In- und Ausländern, wobei die selektive Abwanderung
dominiert. Der Einzugsbereich der Stadt Bochum dehnt sich
primär in die nördliche Randzone des Ruhrgebiets aus.

Projektzeit: 10.80 - 12.80

Bearbeitung:
Ruhr-Forschungsinstitut für Innovations- und Strukturpolitik e.V.,
Bochum(Ausf.Stelle)
Klemmer, Paul, Prof. Dr.(Bearb.)
7801-001641

203 Wanderungsmotive und -erfahrungen von Umzüglern zwischen Hannover und anderen Großstädten.

Es soll festgestellt werden, welche Gründe einerseits die
Entscheidungen zur Abwanderung aus Hannover in andere
Großstädte, andererseits zur Zuwanderung aus anderen
Großstädten nach Hannover bestimmen. Der frühere und
der jetzige Wohnort sollen anhand verschiedener Kriterien
durch die Befragten bewertet werden.
METHODEN:
Schriftliche Befragung von ca. 2000 Zuwanderern nach
Hannover und Abwanderern aus Hannover in andere
Großstädte und Kreuzvergleich von Entscheidungen und
Erfahrungen von Wanderern zwischen Hannover und
anderen Großstädten in beiden Wanderungsrichtungen.
Auswertung: EDV-gestützt.
INFORMATIONSBASIS:
Unterlagen des Einwohnermeldeamtes.

Projektzeit: 03.78 - 12.81

Bearbeitung:
Hannover, Referat für Stadtentwicklung(Ausf.Stelle)
Deckert, Peter, Dipl.-Soz.(Bearb.)
7902-000047

204 Wanderungsmotivbefragung.

Es sollen die aus Bonn Wegziehenden, Zuziehenden und die innerhalb der Stadt Umziehenden über ihre Umzugsgründe und ihre Wohnsituation befragt werden und aus anderen Mobilitätsstudien schon bekannte Tatsachen für Bonn überprüft werden. Die Ergebnisse sollen in die Wohnungsbauentwicklungsplanung einfließen.
METHODEN:
Primär- und Sekundärerhebung: In Ergänzung zur amtlichen Wanderungsstatistik werden die sich an-, ab- und ummeldenden Haushaltsvorstände befragt (Stichprobe: 1035, Auswahlverfahren: Total). Die Auswertung der Ergebnisse erfolgt unter besonderer Berücksichtigung der Haushaltsstruktur und des Haushaltstyps (Stellung im Lebenszyklus) in einer kombinierten Auswertung der Fragebögen und der Meldezettel des Einwohnermeldeamtes (Stichprobe: rd.1500, Auswahlverfahren: Total). Auswertung: EDV-Kreuztabellen.

INFORMATIONSBASIS:
Meldezettel des Einwohnermeldeamtes; Ergebnisse der eigenen Erhebungen.

Projektzeit: 02.78 - 03.80

Bearbeitung:
Bonn, Stadtplanungsamt(Ausf.Stelle)
Koch, Dagmar, Dipl.-Geogr.(Proj.-Leit.); Kosack, Klaus,
Dipl.-Geogr.(Bearb.); Monheim-Dandorfer, Rita, Dipl.-Geogr.(Bearb.);
Rehsöft, Fritz, Dipl.-Ing.(Bearb.)
7902-000049

205 Sozialstruktur, Mobilität und Wirtschaft in Schleswig-Holstein und Dänemark 1800-1864.

Es werden folgende drei Bereiche und deren wechselseitige Beeinflussung untersucht:
1. Der Wandel der Sozialstruktur unter dem Einfluß von wirtschaftlicher Entwicklung und Mobilität;
2. Die Mobilität einmal als regionaler Wanderungsprozeß

mit Auswirkungen auf Wirtschaft und Sozialstruktur und zum anderen als soziale Mobilität;
3. Die Wirtschaftsstruktur und die Wirtschaftsentwicklung (Wirtschaftszweige, Wachstum, Industrialisierung, Bevölkerungsentwicklung). Im Mittelpunkt der Untersuchung steht dabei die Stadt Kiel. Die Ergebnisse von Forschungen über andere Städte Schleswig-Holsteins und Dänemarks sollen mit denen über Kiel verglichen werden. Im Bereich der sozialen Mobilität soll ein überregionaler Vergleich angestrebt werden.
METHODEN:
Akten- und Dokumentenanalysen. Auswertung: EDV-gestützt (SPSS); tabellarisch.
INFORMATIONSBASIS:
Volkszählungsakten, Archivmaterial zum Bereich Wirtschaft.

Projektzeit: 11.75 – 12.81

Bearbeitung:
FU Berlin, Zentralinstitut für Sozialwissenschaftliche Forschung, Arbeitsbereich Wirtschafts- und Sozialgeschichte(Ausf.Stelle)
Brockstedt, Jürgen, Dr.(Bearb.)
7902-000210

206 **Alters-Segregation in der Großstadt.**

Es sollen die, bezogen auf das Alter, ungleiche Verteilung der Bevölkerung über das Stadtgebiet analysiert, Ortsteile mit deutlich vom Durchschnitt abweichender Altersstruktur ermittelt und die Abweichung erklärt werden. Als allgemeine Hypothesen liegen zugrunde: das Alter des Stadtteils bzw. Wohngebäudes hat Einfluß auf die Altersstruktur der Wohnbevölkerung. Die Stellung im Lebenszyklus hat Einfluß auf die Wohnstandortwahl.
METHODEN:
Sozialökologische Bestimmung homogener Teilgebiete in der Großstadt; theoretische Fundierung der Altersgruppeneinteilung; Sekundäranalyse (Alterssegregation auf Ortsteilebene, Korrelation mit Wohnungsmerkmalen und Bevölkerungsmerkmalen). Auswertung: Kartierung.

INFORMATIONSBASIS:
Regionaldatei des Statistischen Landesamtes Hamburg
(aggregierte Daten der Volkszählungen 1961, 1970,
Gebäude- und Wohnungszählung 1968), Einwohnerdatei
1976.

Projektzeit: 11.78 - 10.79

Bearbeitung:
Schütz, Martin W.(Bearb.)
7902-000227

207 Entwicklung und Test eines Modells zur räumlich und sachlich disaggregierten Bevölkerungsprognose für die kommunale Investitions- und Entwicklungsplanung (DISPRO).

Es soll ein praktikabler Weg zur kleinräumigen Analyse und
Vorausschätzung der Zusammenhänge zwischen
Wohnungsbestand und Bautätigkeit auf der einen und
Zusammensetzung und Entwicklung der Bevölkerung auf
der anderen Seite aufgezeigt werden. Im Mittelpunkt der
Untersuchung stehen so Verfahren zur kleinräumigen
Typisierung von Gebietseinheiten (Gebäude-,
Wohnungsbestands-, Gebiets- und Belegungstypen), die
Ermittlung von Wirkungszusammenhängen zwischen
Wohnungsbestand und Bevölkerungsentwicklung und die
Erstellung eines Wohnungsbelegungsmodells.
METHODEN:
Bestimmung von Wohnungsbelegungstypen und
kleinräumige und gebietsspezifische Fortschreibung der
Bevölkerungsverteilung unter Berücksichtigung von
Veränderungen im Wohnungsbestand (Neubau,
Modernisierung, Abriss) auf der Grundlage von
Sekundäranalysen. Auswertung: EDV-gestützt,
Korrelationsmatrixen, Faktorenanalysen, Clusteranalysen,
Kartierungsprogramme (SYMAP, SYMVU).
INFORMATIONSBASIS:
Einwohner-, Bevölkerungsbewegungs- und
Gebäudedatei des Amtes für Statistik und Wahlen,
Dortmund.

ERGEBNISSE:
Eine wesentliche These des Projektes hat sich bestätigt:
Unterschiedliche Wohnungsbestandstypen weisen
verschiedene Bevölkerungsstrukturen (Verteilung der
Altersgruppen und der Haushaltsgrößen) auf. Inwieweit dies
auch für die demographische Entwicklung (Geburt,
Sterbefälle und Fortzüge) zutrifft, wird zur Zeit überprüft.

Projektzeit: 05.78 - 08.79

Bearbeitung:
Univ. Dortmund, Abteilung Raumplanung, Institut für Raumplanung
-IRPUD-(Ausf.Stelle)
Kreibich, Volker, Prof. Dr.(Proj.-Leit.); Greve, Olaf, Dipl.-Ing.(Bearb.);
Junker, Rolf, Dipl.-Ing.(Bearb.); Reich, Doris, Dipl.-Ing.(Bearb.);
Schneider, Roland, Dipl.-Ing.(Bearb.)
7902-000323

208 **Untersuchung zum Wanderungsverhalten und zum
Wohnungsbedarf in Karlsruhe (Wohnungsbefragung
Karlsruhe 1979).**

1. Gewinnung wohnungsstatistischer Daten; Vergleich mit
Gebäude- und Wohnungszählung 1968 und mit
Ergebnissen anderer und früherer Befragungen;
2. Analyse der Wanderungsmotive und Wanderungsströme
und Bildung von Strategien zur Wohnungsversorgung;
3. Analyse der Wohnungsversorgung und Ermittlung des
Wohnungsbedarfs;
4. Untersuchung der Haushaltsdynamik;
5. Ermittlung des Mietniveaus und der
Mietzahlungsbereitschaft;
6. Untersuchung und vergleichende kleinräumige Analyse
von Haushalts- und Sozialstruktur.
METHODEN:
1. Überprüfung von Hypothesen und thematischen
Schwerpunkten mit Hilfe einer empirischen Analyse;
2. Ermittlung der Informationen durch eine
Repräsentativbefragung;
3. Vergleichende Analyse und Ermittlung von Standards für
die Wohnungsversorgung; Überprüfung von Hypothesen

zur Wohnungsversorgung und Wanderungsverhalten;
4. Projektion des Wohnbedarfs durch eine quantitative
Analyse. Auswertung: EDV-gestützt (auf Stadtteil- und
Stadtbezirksbasis), Kreuztabellen, Testverfahren, Kartierung.

Projektzeit: 04.79 - 12.80

Bearbeitung:
Karlsruhe, Planungsstab für Stadtentwicklung(Ausf.Stelle)
Duss, Rainer, Dipl.-Sozialw.(Bearb.); Weiler, Joachim, Dipl.-Kfm.
Lic.rer.reg.(Bearb.)
7902-000555

209 Wanderungsmotivbefragung Ludwigshafen am Rhein 1979.

Vergleich der Wanderungsmotive und der Haushaltsstruktur
von zu-, um- und wegziehenden deutschen Haushalten.
METHODEN:
Wanderungsanalyse auf der Grundlage von schriftlichen
Befragungen und Sekundäranalysen. Auswertung:
EDV-gestützt (SPSS).
INFORMATIONSBASIS:
Wanderungs- und Einwohnerstatistik, Ergebnisse der
Eigenerhebungen.
ERGEBNISSE:
Es lassen sich signifikante Unterschiede zwischen Zu-,
Weg- und Umzügen bezüglich Haushaltsstruktur,
Sozialstruktur, Wanderungsmotiven und Wohnungsarten
feststellen.

Projektzeit: 01.79 - 12.79

Bearbeitung:
Ludwigshafen/Rhein, Amt für Stadtentwicklung(Ausf.Stelle)
Frech, Johannes, Dipl.-Verw.wiss.(Bearb.)
7902-000605

210 Propagandisten der Großstadt: Ein Versuch, historische Land-Stadt-Wanderungen als eine Folge von Kommunikationsprozessen zu interpretieren.

Es soll gezeigt werden, daß der historische Prozeß der Zuwanderung in die Großstädte Anfang dieses Jahrhunderts in besonderem Masse auf dem Wirken von (privaten) "Propagandisten der Großstadt" beruht, die ein positives (zuweilen auch negatives) "Bild" "ihrer" Großstadt in ihrer ländlichen Heimatgemeinde verbreiten und dadurch Abwanderung anregten. Verbreiter dieses "Bildes" sind jene Personen, die als erste in die Großstadt abgewandert sind. Mit dem ersten Abwanderer beginnt so eine "Kette", d.h. dieser zieht durch seine Informationen über die dortigen Lebensmöglichkeiten immer neue Abwanderer aus seiner Heimatgemeinde nach. Diese bereits in der Großstadt Verwurzelten integrieren zugleich die Nachfolgenden in die neue ungewohnte Umwelt, durch Vermittlung von Wohnungen, Arbeitsstellen usw. Von der Großstadt aus gesehen zeigt sich diese "Anwerbung" als ein Netz privater Informationskanäle, die in den ländlichen Raum ausstrahlen.

METHODEN:
Empirische Untersuchung auf der Grundlage von mündlichen Befragungen von Teilnehmern an "Kettenwanderungen" in ausgewählten Gemeinden sowie Literatur- und Sekundäranalysen.
INFORMATIONSBASIS:
Amtliche Statistik, Archivmaterial.

Projektzeit: 11.76 - 11.80

Bearbeitung:
Kromer, Wolfgang, Dipl.-Soz.(Bearb.)
8003-000045

211 Bevölkerungs- und Wohnraumbedarfsprognose für die Stadt Regensburg.

Differenziert nach Lebenszyklenphasen werden die teilräumliche Bevölkerungsentwicklung und der

Wohnraumbedarf prognostiziert.
METHODEN:
Sekundäranalyse von Verwaltungsdaten; Wohnwunsch-
und Wanderungsmotivbefragung von gewanderten und
wanderungswilligen Haushalten (Stichprobe: 300,
Auswahlverfahren: Quota); Entwicklung einer
fortschreibungsfähigen Prognose des Wohnraumbedarfs
auf der Grundlage von Verwaltungsdaten.
INFORMATIONSBASIS:
Kommunale Datenbank (Bauzählkarten,
Wanderungsbelege, amtliche Wohnungs- und
Bevölkerungsstatistik).

Bearbeitung:
Roland Berger Forschungs-Institut für Markt- und Systemforschung
GmbH, München(Ausf.Stelle)
Bulwien, Hartmut, Dipl.-Geogr.(Bearb.)
8003-000137

212 Wohneigentum und Bevölkerungsmobilität.

Es wird versucht, die Angebotsbedingungen des
Wohnungsmarktes mit dem Nachfrageverhalten der
Haushalte zu verknüpfen und herauszufinden, wie die
Haushalte auf Veränderungen des Angebots reagieren und
ihre Dispositionen treffen (z.B. Zurückschrauben von
Wohnwünschen, Grundstücksgrößen, Lagen, Wechseln in
andere Wohnungsteilmärkte).
METHODEN:
Theoriegeleitete, empirische Untersuchung:
1. Theoretische Analyse der Bedingungen des
Wohnungsmarktes;
2. Empirische Untersuchung des Nachfrageverhaltens nach
Wohneigentum aufgrund von mündlichen und schriftlichen
Befragungen von Interessenten an Wohnbaugrundstücken
und Besitzern von Eigenheimen und Eigentumswohnungen
(Stichprobe: ca. 30 bzw. 1300, Auswahlverfahren: Random
bzw. Total) sowie durch Auswertung von ca. 100
Baufertigstellungsakten des Bauordnungsamtes;
3. Ableitung von planungsrelevanten Folgerungen für die
Stadtentwicklung. Auswertung: EDV-gestützt (SPSS).

ERGEBNISSE:
Die Untersuchung hat ergeben, daß der Wohnungsmarkt in
zunehmenden Masse angebotsorientierter wird, und zwar
zunehmend auch für einkommensstarke Haushalte.
Restriktive Bedingungen des Mietwohnungssektors lassen
Haushalte zu Nachfragern nach Wohneigentum werden.

Projektzeit: 07.79 – 06.80

Bearbeitung:
König, Jürgen(Bearb.); Szynka, Siegfried(Bearb.)
8003–000170

213 **Bevölkerungsprognose 1979–1995 Stadt Bochum.**

Prognose der Bevölkerungsentwicklung bis 1995
(Zielprognose) auf der Basis eines Prognosemodells,
welches das vorhandene Baulandpotential und den
Wohnflächenbedarf je Einwohner mit der
Bevölkerungsentwicklung verknüpft.
METHODEN:
Prognose in folgenden Arbeitsschritten:
1. Reduktion der Gesamtbevölkerung um die
Heimbewohner;
2. Berechnung der natürlichen Bevölkerungsentwicklung
unter Berücksichtigung separater Geburtenhäufigkeiten für
Ausländer (Türkei, Jugoslawien, Spanien, Italien, Portugal,
Griechenland) und übrige Frauen;
3. Simulation von Zuzügen – auf der Basis des
vorhandenen Baulandpotentials und einer im
Prognosezeitraum anwachsenden Mindestversorgung an
Wohnflächen je Einwohner, – bei Überschreiten einer
differenzierten Obergrenze an Wohnfläche je Einwohner;
4. Simulation von Fortzügen: Ausgehend von einer
kontinuierlichen Zunahme des Bedarfs an Wohnfläche
werden die Einwohnerzahlen bei Nichterreichen einer
differenzierten Untergrenze solange reduziert, bis die
Mindesversorgung erreicht ist. Recheneinheit ist der
Baublock; daraus ergibt sich die Möglichkeit, die
Prognoseergebnisse unter fachspezifischen
Gesichtspunkten kleinräumig zu aggregieren.

INFORMATIONSBASIS:
Einwohner-, Gebäude-, Heim- und
Freikapazitäten-Datei.

Bearbeitung:
Bochum, Amt für Statistik und Stadtforschung(Ausf.Stelle); Bochum,
Arbeitsgruppe Stadtentwicklungsplanung(Ausf.Stelle); Bochum,
Planungsamt, Abteilung Stadtentwicklung(Ausf.Stelle)
Heckmann, Wilhelm, Dipl.-Soz.(Proj.-Leit.); Schütz, Thorsten(Bearb.);
Borowitzki, Wolfgang(Bearb.); Möllers, Franz-Horst(Bearb.)
8003-000321

214 Wanderungen bei sich ändernden innerstädtischen Zentralitäten.

Die öffentliche Hand unternimmt dauernd Eingriffe in das
Zentralitätsgefüge einer Gemeinde. Es soll untersucht
werden, ob diese Eingriffe Ungleichgewichte im
Zentralitätsgefüge schaffen und ob sie als Folge
Wanderungsbewegungen auslösen.
METHODEN:
Bestimmung der Zentralitäten mit Hilfe der Faktorenanalyse
und Herstellung der Zusammenhänge zwischen
Bevölkerung und Zentralitäten mit Hilfe der iterativen
multiplen Regression für verschiedene Zeitpunkte;
komparativ-statistische Untersuchung auf kleinräumiger
Basis. Auswertung: EDV-gestützt, EDV-Kartierung.
INFORMATIONSBASIS:
Automatisiertes Einwohnerwesen und
Infrastrukturdatenbank der Stadt Duisburg.

Bearbeitung:
Duisburg, Amt für Statistik und Stadtforschung(Ausf.Stelle)
Schulte, Lothar, Dipl.rer.pol.techn.(Bearb.)
7902-000110

215 Instrumenten- und Entscheidungsprozeßanalyse zur Beeinflussung des Wohnstandortverhaltens. Stadtforschungsprogramm "Funktionsverlust der Innenstädte". -Hauptphase-.

Es sollen der Instrumenteneinsatz und der Ablauf von politischen Entscheidungsprozessen in öffentlichen Verwaltungen und ihrem Umfeld auf das Wohnstandortverhalten und den Abbau von Engpässen auf dem Wohnungsmarkt untersucht werden. Im einzelnen richtet sich die Untersuchung auf
- die Wirksamkeit und Treffsicherheit der Landeswohnungsbauprogramme in Baden-Württemberg,
- Umsetzungs- und Durchführungsprobleme von Stadterneuerungsprogrammen auf der kommunalen Ebene,
- den Handlungsspielraum einer kommunalen Wohnungspolitik,
- die Wirksamkeit "klassischer Routineverwaltung"im Gegensatz zur aktiven und innovativen "out-reach-Verwaltung".
METHODEN:
Empirische Untersuchung auf der Grundlage von Primär- und Sekundäranalysen und Fallstudien: Erstellung wohnungsmarktbezogener Gemeindeprofile für die Untersuchungsgebiete aufgrund von Sekundäranalysen und Analysen von Immobilienanzeigen in der lokalen und regionalen Presse; Erfassung der Problemstrukturen in den Gemeinden durch systematische Auswertung von Protokollen der Gemeinde- und Ortschaftsräte sowie durch Gesprächsrunden mit Bürgermeistern und durch Befragung Dritter; Verlaufsanalysen von Entscheidungsprozessen in konkreten Fällen, z.B. Analyse von Bebauungsplänen/Bautagebüchern. Die umfangreichen Befragungen werden unter Nutzung der folgenden Panels (gleichbleibender Kreis von Gesprächspartnern) durchgeführt: Hauptpanel (kompetente Gesprächspartner in den öffentlichen Verwaltungen), wohnungswirtschaftliches Panel (massgebliche Handlungsträger in der öffentlichen und privaten Wohnungspolitik und -wirtschaft), Quartierpanels (Schlüsselpersonen in einzelnen, ausgesuchten Wohnquartieren). Erhebung der Anträge auf Wohnungsbau- und Modernisierungsförderung;

Befragung von im Untersuchungsraum tätigen Wohnungsunternehmen. Auswertung: multivariate Analyseverfahren (Faktorenanalyse, Korrelationsanalyse, Pfadanalyse).
INFORMATIONSBASIS:
Amtliche Statistik, Verwaltungsvollzugsdaten, Fallakten (Sanierung, Bebauungsplanung, Umlegung), eigene Erhebungsergebnisse.

Projektzeit: 06.79 – 05.83

Bearbeitung:
FU Berlin, Zentralinstitut für Sozialwissenschaftliche Forschung – Verwaltungsforschung(Ausf.Stelle)
Wollmann, Hellmut, Prof. Dr.(Proj.-Leit.); Hellstern, Gerd-Michael, Dipl.-Pol.(Proj.-Leit.); Wawrzinek, Stephan(Bearb.); Vock, Rainer(Bearb.); Laumann, Willi, Dipl.-Soz.(Bearb.); Ossweld, Albert, Dipl.-Soz.(Bearb.)
7902-000682

216 Innerstädtische Mobilität in Heidelberg.

Es sollen folgende Fragen zur innerstädtischen Mobilität untersucht werden:
– Welchen Einfluß haben die verschiedenen Wanderungsströme (aussenorientierte Wanderungen, Umzüge) auf die Bevölkerungsveränderung der Stadtteile?
– Inwiefern ist schichtenspezifisches Wanderungsgeschehen von Neubautätigkeit beeinflußt?
– Unterscheiden sich Ausländer (v.a. Gastarbeiter) im Wanderungsverhalten von Deutschen? Sind auch bei ihnen Segregationstendenzen gegeben?
METHODEN:
Empirische Untersuchung auf der Grundlage von mündlichen Befragungen und Akten; Dokumenten- und Sekundäranalysen zu innerstädtischen Wohnungswechseln in der Zeit von 1977 bis 1979. Auswertung: EDV-gestützt (SAS, SPSS), tabellarisch, Kartierung.
INFORMATIONSBASIS:
Unterlagen der Stadtverwaltung, eigene

Befragungsergebnisse.

Bearbeitung:
Uhl, Bernhard(Bearb.)
8003-000417

217 Einzugsstrukturen in Neubauten.

Angesichts der veränderten Situation auf dem
Wohnungsmarkt der Ballungsgebiete (Preissteigerungen,
Zusammenbruch des Mietwohnungsbaus) sowie der
veränderten Bevölkerungsstrukturen (Geburtenrückgang,
Ein-Personenhaushalte, Wohngemeinschaften) soll geprüft
werden, ob sich die Alters- und Haushaltsstruktur der
Einzüge in Neubauten geändert haben. Die Ergebnisse
dienen der kleinräumigen Bevölkerungsprognose und der
Infrastrukturplanung.
METHODEN:
Schriftliche Befragung bei Bewohnern von 1980
fertiggestellten Neubauwohnungen (Stichprobe: ca. 3000,
Auswahlverfahren: Random). Auswertung: tabellarisch,
Kartierung.

Bearbeitung:
München, Referat für Stadtplanung und Bauordnung – Planungsreferat –,
Hauptabteilung I – Stadtentwicklungsplanung(Ausf.Stelle)
Herde, Hans, Dipl.-Geogr. M.A.(Bearb.)
8104-000222

218 Wanderungsmotiv-Untersuchung Neuss.

Im Hinblick auf die für Neuss kennzeichnenden
Wanderungsbewegungen – Zuzug aus dem benachbarten
Oberzentrum Düsseldorf, Fortzug in die Nachbargemeinden
der Ballungsrandzone und des ländlichen Raumes – wird
untersucht:
– Aus welchen Gründen ziehen Personen nach Neuss
bzw. von Neuss fort?
– Was macht die Stadt für Zuziehende attraktiv; was
vermissen Fortziehende?

– Aus welchen Gründen ziehen die ausländischen
Mitbürger um?
METHODEN:
Mündliche Befragung aller im Zeitraum 1.9.1981 –
30.11.1981 im Einwohnermeldeamt der Stadt Neuss
angetroffenen Personen, die sich an–, ab– oder
umgemeldet haben.
ERGEBNISSE:
Bei den Zuzügen nach Neuss dominierten persönliche
Gründe vor beruflichen und wohnorientierten. Bei Fort– und
Umzügen spielten wohnorientierte Gründe die größte Rolle,
gefolgt von persönlichen und beruflichen Gründen. Sowohl
bei den Zuzügen aus Düsseldorf als auch bei den
Fortzügen in den Kreis Neuss standen wohnorientierte
Gründe (speziell Erwerb von Wohneigentum) im
Vordergrund. Das Niveau der Mieten und Preise am
Wohnungsmarkt war eine wichtige Bestimmungsgröße für
wohnorientierte Wanderungen. Die Gruppe der Zu–, Fort–
und Umziehenden weist besondere demographische
Merkmale auf. Im Kernstadtbereich wurde der Wunsch nach
größeren Wohnungen häufig genannt. In hochverdichteten
Wohnlagen wurde die schlechte Wohnlage bemängelt. Bei
den Ausländern waren familiaere Wanderungsgründe am
häufigsten, gefolgt von beruflichen und
wohnungsorientierten Motiven.

Projektzeit: 09.81 – 12.83

Bearbeitung:
Neuss, Amt für Wirtschaftsförderung und Stadtentwicklung(Ausf.Stelle)
Düsing, Wolfgang, Dipl.–Volksw.(Bearb.)
8205–000079

219 **Vorausberechnung der Bevölkerung in den Bezirken
von Berlin (West) von 1982–1990.**

Vorausberechnung der Bevölkerung von Berlin (West) und
der 12 Bezirke bis 1990.
METHODEN:
Vorausberechnung auf der Basis von Trendextrapolationen
der Einflußgrößen demographisches Verhalten, Sterblichkeit

und Wanderungen.

Projektzeit: 10.82 - 12.83

Bearbeitung:
Berlin/West, Senator für Stadtentwicklung und Umweltschutz(Ausf.Stelle);
Berlin/West, Statistisches Landesamt(Ausf.Stelle)
Müller-Späth, Dieter, Dipl.-Soz.(Bearb.); Leibing, Christa,
Dipl.-Soz.(Bearb.); Lohauss, Peter, Dipl.-Soz.(Bearb.)
8306-000127

220 Bevölkerungsbericht für Berlin (West). Entwicklung von Bevölkerungszahl und -struktur.

Untersuchung der Entwicklung der Bevölkerungszahl und
-struktur und der Einflußgrößen
- generatives Verhalten,
- Sterblichkeit,
- Wanderung nach dem 2. Weltkrieg.
METHODEN:
Sekundäranalyse.
INFORMATIONSBASIS:
Amtliche Statistik.

Bearbeitung:
Berlin/West, Senator für Stadtentwicklung und Umweltschutz(Ausf.Stelle)
Müller-Späth, Dieter, Dipl.-Soz.(Bearb.); Leibing, Christa,
Dipl.-Soz.(Bearb.)
8306-000126

221 Wanderungsintensität und Wanderungsverflechtung in der Region Bremen.

Bearbeitung:
Univ. Hamburg, Institut für Geographie und
Wirtschaftsgeographie(Ausf.Stelle)
Oberbeck, Gerhard, Prof. Dr.(Proj.-Leit.); Schnurr, Hans-Ewald(Bearb.)
8306-000388

222 **Fortführung der Wanderungsmotivuntersuchung Berlin (West).**

Ermitllung der Wanderungsmotive jener Haushalte, die in der Zeit von Mitte 1979 bis Mitte 1980 nach Berlin gezogen bzw. von Berlin weggezogen waren.
METHODEN:
Repräsentative schriftliche Befragung von zu- und weggezogenen Haushalten eines Jahres. Auswertung: Clusteranalyse.

Bearbeitung:
SOCIALDATA, Institut für Empirische Sozialforschung GmbH, München(Ausf.Stelle)
Brög, Werner(Proj.-Leit.); Matheisen, Jost(Bearb.); Neumann, Karl-Heinz(Bearb.)
8205-000160

223 **Entwicklung eines computergestützten Planungsmodellsystems zur Beeinflussung der Bevölkerungsentwicklung, des Arbeits- und Wohnungsmarktes.**

Auf der Grundlage einer Analyse der Beziehungen zwischen Variablen, die als Wanderungsdeterminanten bekannt sind (z.B. Arbeitsplätze, Wohnungsangebot), und unter Berücksichtigung von Variablen, die sich aus der besonderen Situation Berlins ergeben, soll ein Modellsystem entworfen werden, mit dessen Hilfe mögliche Reaktionen der Systemkomponenten projiziert und alternative Annahmen über mögliche zukünftige Entwicklungen der Hauptwanderungsdeterminanten ermöglicht werden. Das Modellsystem soll benutzerfreundlich angelegt sein und der Planung zur Findung von Abhängigkeiten zwischen den Modellkomponenten und zur Ermittlung von Entwicklungstendenzen dienen, damit das Entscheidungsspektrum der öffentlichen Verwaltung erweitern und Planungsprozesse unterstützen.
METHODEN:
1. Datenanalyse;

2. Modellkonzeptionierung; Entwicklung eines Basissystemmodells für eine grundlegende Analyse auf der Grundlage regionalstatistisch verfügbarer Daten, Darlegung und Formalisierung der Relationen zwischen wesentlichen Variablen, Verbindung von system dynamics-Ansätzen mit Verfahren der höheren Statistik;
3. Systemkonzeptionierung: Entwicklung benutzerfreundlicher Anwendungssysteme in Kooperation mit Stellen der öffentlichen Verwaltung (Anwendungstests von Planern). Auswertung: statistische Verfahren, Korrelationsanalyse.
INFORMATIONSBASIS:
Amtliche Statistik, IHK-Berichte, Bankberichte.

Projektzeit: 09.79 - 08.81

Bearbeitung:
Gesellschaft für Zukunftsfragen e.V. -GZ-, Institut für Zukunftsforschung GmbH -IFZ-, Berlin/West(Ausf.Stelle)
Birreck, Manfred, Dipl.-Ing.(Proj.-Leit.)
7902-000653

224 **Bevölkerungsprognose Stadt Fürth bis zum Jahre 2000.**

Prognose der Bevölkerungsentwicklung in Fürth bis zum Jahre 2000 hinsichtlich der Entwicklung der Altersstruktur, der Erwerbspersonenzahl, Schülerzahl, Wanderungen etc. unter Berücksichtigung wahrscheinlicher Entwicklungen der Fruchtbarkeit und der Sterblichkeit.
METHODEN:
Zeitreihenanalysen, lineare Fortschreibungen, Annahmen, Schätzungen, Tendenzen.

Projektzeit: 10.81 - 03.82

Bearbeitung:
Fürth, Stadtentwicklungsamt(Ausf.Stelle)
Peschel, Roland, Dipl.-Betriebsw.(Proj.-Leit.); Fischer, Günther(Bearb.)
7801-001837

225 Verdrängung durch Aufwertung. Zur Problematik und Anwendung bewohnerorientierter Erhaltungssatzungen am Beispiel Düsseldorfs.

Am Beispiel Düsseldorfs werden folgende Probleme und Fragen bei der Anwendung von Erhaltungssatzungen untersucht:
- Anwendungsvoraussetzungen von Erhaltungssatzungen nach Paragraph 39 h Abs.3 Nr.3 BBauG
- Begründungsprobleme der Gemeinde
- Können Aufwertungsprozesse von innerstädtischen Wohnvierteln damit verhindert werden?
- Wie können die unbestimmten Rechtsbegriffe "Zusammensetzung der Wohnbevölkerung" und "städtebauliche Gründe" operationalisiert werden?
- Durchführungsprobleme
- Wie können spekulationsgefährdete Gebiete frühzeitig erkannt werden?
- Inwieweit unterstützt die öffentliche Hand Aufwertungsprozesse, die dann zu einer Verdrängung der Wohnbevölkerung führen?
METHODEN:
Empirische Untersuchung auf der Grundlage von Sekundär- und Primäranalysen, u.a. mündliche Befragung von sozialschwachen, alten und ausländischen Innenstadtrandbewohnern, semantisches Differential, "Einstellung und Verhaltens-Konzept", Vergleich mit amerikanischen Entwicklungen.
INFORMATIONSBASIS:
Verschiedene Dateien der Stadtverwaltung.
ERGEBNISSE:
Die Begründung, Aufstellung und Durchsetzung von bewohnerorientierten Erhaltungssatzungen erfordert von der Verwaltung professionelles Vorgehen und Handeln. Für die Aufstellung von derartigen Erhaltungssatzungen ist weniger die quantitative Zusammensetzung der Wohnbevölkerung bedeutsam, als vielmehr mögliche stadtentwicklungspolitische Folgewirkungen durch eine

Veränderung der Sozialstruktur.

Bearbeitung:

Hentze, Hans-Wilhelm, Dipl.-Ing. Lic.rer.reg.(Bearb.)

8407-000077

226 Hannover und andere Großstädte aus der Sicht von Zu- und Abwanderern.

"Problemstellung und Konzeption dieser Untersuchung wurden im Zusammenhang mit der Erarbeitung der Grundlagen zum Stadtentwicklungsprogramm im Jahre 1969 entwickelt und ... bis in das Jahr 1981 verfolgt. Im Mittelpunkt stand die Frage nach der Attraktivität Hannovers im Vergleich zu den anderen großen Städten der Bundesrepublik. Festgestellt werden sollte, inwieweit die Entscheidungsgründe für Hannover einerseits und andere Städte als Wohnort andererseits unterschiedlich gelagert sind und inwieweit Attraktivitätsgesichtspunkte in die Entscheidung einbezogen werden. Darüber hinaus stellte sich ... die Frage nach der subjektiven Wertschätzung Hannovers im Vergleich zu anderen Großstädten und nach den spezifischen Qualitätsfaktoren, die in den einzelnen Städten wahrgenommen und erlebt werden". (S. 7).
METHODEN:
Postalische Befragung von Zu- und Abwanderern auf Grund der Meldebögen, standardisierter Fragebogen mit Rückantwort.
ERGEBNISSE:
Häufigster Anlaß für einen Wechsel des Wohnortes war eine berufliche Veränderung, an zweiter Stelle standen persönliche und familiaere Gründe, an dritter Studium oder sonstige Ausbildung. Neben dem Hauptanlass wurde eine Reihe zusätzlicher Gesichtspunkte angegeben, die die Entscheidungen mitbeeinflußt hatten, insbesondere Freunde, Bekannte oder Verwandte am neuen Wohnort, Landschaft und Umgebung, Kultur und Freizeitangebote

und die Lebensart der Menschen.

Bearbeitung:
Hannover, Referat für Stadtentwicklung(Ausf.Stelle)
Deckert, Peter, Dipl.-Soz.(Proj.-Leit.); Meyer, Volker(Bearb.); Kroll,
Günter(Bearb.)
7801-002248

227 Kleinräumige Mobilität und Wohnungsmarkt.
Interdependenzen zwischen räumlichen
Differenzierungen des Wohnungsmarktes und
Stadtrand- und Stadt-Umland-Wanderungen,
untersucht am Beispiel deutscher Haushalte im Raum
Bochum.

Bearbeitung:
Greifenberg, Martin(Bearb.)
7801-002318

228 Innerstädtische Umzüge und Stadtentwicklung in
Mannheim 1978-1983. Ein verhaltensbezogener
Analyseansatz des Wohnstandortverhaltens mobiler
Haushalte.

Darstellung von innerstädtischen Umzügen als
Entwicklungskomponente der Stadtbezirksbevölkerung;
Darstellung und Analyse von Umzugsströmen und
Umzugsverflechtungen zwischen Stadtbezirken; Erarbeitung
eines wahrnehmungs- und verhaltenswissenschaftlichen
Modells zur Erklärung des Such- und
Wohnstandortwahlverhaltens umziehender Haushalte;
Schlußfolgerungen für die Stadtentwicklungsplanung.
METHODEN:
Wahrscheinlichkeitstheoretischer Ansatz zur Analyse der
Umzugsströme; Befragung umziehender Haushalte;
Befragung von sesshafter Bevölkerung in einigen

Städtbezirken.

Bearbeitung:
Miodek, Wolfgang(Bearb.)
7801-002360

229 Untersuchungen zur räumlichen Bevölkerungsmobilität in Leverkusen.

Untersucht werden
- Ziel und Herkunft der Wanderungen,
- Umfang und Entwicklungstendenzen,
- demographische Struktur der Wandernden,
- Wanderungsmotive.
METHODEN:
Schriftliche Befragung der Personen, die sich im Meldeamt Leverkusen an-, ab- oder ummelden.

Bearbeitung:
Leverkusen, Amt für Wahlen und Meldewesen(Ausf.Stelle)
Nicolini, Gert, Dr.(Proj.-Leit.); Limbeck, Ulrike(Bearb.)
8508-000014

230 Langfristige Bevölkerungsveränderung und Stadtentwicklung in Stuttgart.

Es werden die übergeordneten langfristigen Bevölkerungsprognosen dargestellt, Modellrechnungen für Stuttgart bis 2030 mit unterschiedlichen Vorgaben durchgeführt und Konsequenzen für bedeutsame kommunale Aufgabenbereiche abgeleitet, insbesondere für die Wohnungsversorgung, die soziale (altersspezifische) Infrastruktur, die technische und Verkehrsinfrastruktur und den kommunalen Haushalt.
METHODEN:
Modellrechnungen (Modellfälle) zur Bevölkerungsentwicklung; Szenarien; Wirkungsanalyse, Folgenabschätzung.
ERGEBNISSE:
Der kernstädtische Wohnungsbestand ist nur bei

wesenstlich intensiverer Stadterneuerung konkurrenzfähig zu erhalten. Bei der sozialen Infrastruktur bestehen Anpassungsprobleme. Die traditionelle Klientel des öffentlichen Personennahverkehrs schrumpft; die Tragfähigkeit der öffentlichen Verkehrssysteme ist dadurch infragegestellt. Für den kommunalen Haushalt entstehen so zusätzliche Belastungen.

Projektzeit: 09.84 - 10.85

Bearbeitung:
Stuttgart, Geschäftsstelle Stadtentwicklung(Ausf.Stelle)
Heruday, Ruth(Proj.-Leit.); Gschwind, Friedemann(Bearb.); Heruday, Peter(Bearb.)
8508-000131

231 Untersuchung der Wanderungsbewegung von Arbeitskräften.

Untersuchung der Wanderungen von und nach Berlin/West in Fortschreibung entsprechender Untersuchungen von 1978 und 1982:
- Haushaltsstruktur,
- Struktur und Qualifikation der wandernden Arbeitskräfte,
- Verteilung der Wandernden auf die Wirtschaftszweige,
- Wanderungsmotive.
METHODEN:
Schriftliche Befragung von ca. 4000 Haushalten.

Projektzeit: 12.85 - 11.87

Bearbeitung:
SOCIALDATA, Institut für Verkehrs- und Infrastrukturforschung GmbH, München(Ausf.Stelle)
Voltenauer-Lagemann, Michaela(Bearb.); Schwertner, Bernhard(Bearb.)
8609-000075

232 Bevölkerungsprognose 1986 der Stadt Fürth bis zum Jahr 2000.

Prognose der Bevölkerungsentwicklung der Stadt Fürth bis zum Jahre 2000. Zugrunde gelegt werden fünf Varianten der Bevölkerungsentwicklung.
METHODEN:
EDV-gestützte Prognose mit dem Programm SIKURS.
ERGEBNISSE:
Bei Variante E, als wahrscheinlich zutreffend zugrunde gelegt, zeichnet sich für Fürth ein Bevölkerungsrückgang ab.

Bearbeitung:
Fürth, Stadtentwicklungsamt(Ausf.Stelle)
Peschel, Roland, Dipl.-Betriebw.(Bearb.)
8609-000143

233 Herkunftsorte der Bewohner von Neubaugebieten in Neuss.

Es sollte festgestellt werden, ob durch das zusätzliche Wohnungsangebot in neuen Baugebieten Auswärtige veranlasst werden, nach Neuss zu ziehen bzw. noch vorhandener Bedarf der Neusser Bevölkerung gedeckt wird.

METHODEN:
Für ausgewählte Neubaugebiete wurden die Herkunftsorte der in dem Zeitraum vom 01.01.1983 - 01.02.1986 zugezogenen Einwohnern analysiert.
ERGEBNISSE:
Trotz stagnierender Einwohnerzahl ist das Wohnungsangebot gestiegen und besteht ein weiterer Wohnflächenbedarf. Die Inanspruchnahme des Wohnungsangebotes durch Neusser oder Auswärtige differiert stark je nach Stadtteil, so daß für die Zukunft ein differenziertes Angebot an neuen Wohnmöglichkeiten (Lage, Art der Bebauung) erforderlich ist.

Projektzeit: 02.86 – 05.86

Bearbeitung:
Neuss, Amt für Wirtschaftsförderung und Stadtentwicklung(Ausf.Stelle)
Rottes, Vera, Dipl.-Ing.(Bearb.)
8609-000146

234 Untersuchungen zur Stadtentwicklung, Sozialökologie. Berufliche Segregation und räumliche Differenzierung.

Als Beitrag zur Segregationsforschung werden mit Hilfe einer Clusteranalyse verschiedene Stadttypen unterschieden, die sich hinsichtlich der sozialen Gliederung voneinander unterscheiden.

Projektzeit: 05.86 – 07.86

Bearbeitung:
Freiburg/Brsg., Amt für Statistik und Einwohnerwesen(Ausf.Stelle)
Tressel, R., Dipl.-Soz.(Bearb.); Willmann, Thomas(Bearb.)
7801-003818

235 Ausländer in Krefeld.

Als Grundlage für die Ausländerpolitik der Stadt Krefeld werden Daten zu folgenden Aspekten zusammengestellt: Entwicklung der Wohnbevölkerung, natürliche Bevölkerungsbewegung der Ausländer; Strukturmerkmale der ausländischen Bevölkerung; räumliche Verteilung der Ausländer im Stadtgebiet; Aufenthaltsdauer und aufenthaltsrechtlicher Status; Beschäftigung; Ausländer in sozialen Infrastruktureinrichtungen.
METHODEN:
Sekundäranalyse.

Bearbeitung:
Krefeld, Amt für Statistik und Stadtentwicklung(Ausf.Stelle)
Thissen, Wolfgang, Dipl.-Soz.(Bearb.)
7801-004217

236 Wanderungen in die innere Stadt. Das Beispiel Hamburg.

Die Untersuchung versucht herauszufinden, welche Menschen in den letzten 4 Jahren in die innere Stadt Hamburgs gezogen sind, welche Motivation sie dafür hatten und wo sie vorher gewohnt haben. Welcher Zusammenhang besteht zwischen der erhöhten Wohnungsbautätigkeit in der inneren Stadt und den Neuhinzugezogenen? Welchen Einfluß haben diese Wanderungen auf die innere Stadt, z.B. auf die Infrastruktur? Müssen aus diesen Wanderungen Konsequenzen für die Wohnungsbaupolitik gezogen werden und wenn ja, welche.

Projektzeit: 11.86 - 07.87

Bearbeitung:
Clässen, Harrie(Bearb.)
7801-003861

237 Vorausberechnung der Bevölkerung von Berlin (West) und den 12 Bezirken bis zum Jahre 2000.

Vorausberechnung der Bevölkerungszahl und -struktur für Deutsche und Ausländer für Berlin(West) und die 12 Bezirke bis zum Jahre 2000.
METHODEN:
Prognose aufgrund der Vergangenheitsentwicklung.

Bearbeitung:
Berlin/West, Senator für Stadtentwicklung und Umweltschutz(Ausf.Stelle)
Stark, Ulrich, Dr.(Proj.-Leit.); Schreiber, Helmut, Dipl.-Pol.(Bearb.)
8710-000102

238 Regionalisierte Bevölkerungsstruktur - Stadtbezirke - Stand 31.12.1984.

Bearbeitung:
Braunschweig, Referat für Stadtentwicklung(Ausf.Stelle)
7801-003901

239 Warum Menschen Hannover verlassen und andere in die Stadt zuziehen.

Die Stadt Hannover hatte von 1980 bis Ende 1986 einen Wanderungsverlust von insgesamt 10.884 Personen zu verbuchen. Gegenstand der vorliegenden Untersuchung sind die Wanderungen zwischen Hannover und anderen Orten innerhalb des Bundesgebietes in beiden Richtungen. METHODEN:
Schriftliche Befragung von Personen, die aus Hannover fort– oder nach Hannover zugezogen waren.
ERGEBNISSE:
Das Wanderungsdefizit gegenüber dem Landkreis Hannover stellt den mit Abstand größten Faktor für Einwohnerverlusten der Stadt Hannover dar. Die Abwanderungen aus der Stadt in den Landkreis Hannover sind in allererster Linie dadurch bedingt, daß die Wohnmöglichkeiten im Umland als attraktiver angesehen werden. Hierbei spielen weniger die Größe und Ausstattung der Wohnungen eine Rolle; und auch die Möglichkeit, im (häufig gemieteten) Einfamilienhaus zu wohnen, ist nicht der dominierende Grund. Im Vordergrund stehen vielmehr Qualitäten der Wohnlage und des Wohnumfeldes, die durch ruhiges Wohnen im Grünen gekennzeichnet sind. Dazu ist anzumerken, daß die Mehrzahl der Abwanderer in eine ländlich geprägte Umgebung gezogen und nicht in der verstädterten Randzone geblieben ist. Die Zuwanderer aus dem Landkreis in die Stadt Hannover, die in der Regel jünger als die Abwanderer sind, schätzen die Vorzüge einer verkehrsgünstigen Wohnlage sowie das Kultur– und Freizeitangebot der Stadt. Relativ häufig haben sie nach dem Auszug aus dem Elternhaus in Hannover erstmals eine eigene Wohnung gefunden. Somit gibt es durchaus einen typischen Personenkreis, für den das Wohnen in der Stadt attraktiv ist, er ist jedoch gegenüber den Abwanderern letztlich in der Minderheit. Der Rückgang der Wanderungsverluste gegenüber dem Kreis in den letzten Jahren deutet auf einen Erfolg der Modernisierungsmaßnahmen und der Wohnumfeldverbesserungen hin. Von Wanderungsgewinnen gegenüber dem Landkreis ist die Stadt jedoch noch ein weites Stück entfernt. Aus den

Ergebnissen der Befragung zeichnet sich ab, daß
freiwerdende Einfamilienhäuser, die im Umland zur Miete
angeboten werden, einen Anreiz für Abwanderungen bieten.

Projektzeit: 10.87 – 06.88

Bearbeitung:
Hannover, Referat für Umweltschutz und Stadtentwicklung(Ausf.Stelle)
Deckert, Peter, Dipl.-Soz.(Bearb.)
8811-000183

240 Bericht über die Bevölkerungsentwicklung in Dortmund bis zum Jahre 2000.

Die Dortmunder Bevölkerung wird weiterhin zurückgehen,
dies insbesondere aufgrund der zunehmenden
Überalterung, aber auch wegen der negativen
Wanderungssalden und der sinkenden Fruchtbarkeitsziffer
der ausländischen Bevölkerung. Gleichzeitig werden die
Haushaltzahlen zurückgehen und die Erwerbsbevölkerung
deutlich schrumpfen. Vor dieser Ausgangssituation und
unter Berücksichtigung städtebaulicher
Entwicklungsmöglichkeiten sowie politischer
Zielvorstellungen wird eine Regionalisierung der
Bevölkerungsprognose durchgeführt.

Bearbeitung:
Dortmund, Amt für Statistik und Wahlen(Ausf.Stelle)
7801-004119

241 Innerstädtische Mobilität in Regensburg.

Projektzeit: 11.87 – 07.88

Bearbeitung:
Schiessl, Richard(Bearb.)
7801-004141

242 Zum räumlichen Mobilitätsverhalten der Dortmunder.

Bearbeitung:
Dortmund, Amt für Statistik und Wahlen(Ausf.Stelle)
8811-000288

243 Auswirkungen der Bevölkerungsentwicklung und des Strukturwandels auf kommunalpolitische Handlungsfelder im Landkreis Wolfenbüttel.

Für den Landkreis Wolfenbüttel werden – die Bevölkerung auf der Basis kleinräumiger Gebietseinheiten vorausgeschätzt, – die Folgen der Bevölkerungsentwicklung für die Kommunalpolitik analysiert und – Empfehlungen zur Minderung negativer Folgen der Bevölkerungsentwicklung im Sinne einer Verbesserung der Lebensbedingungen gegeben.
METHODEN:
Empirische Untersuchung auf der Grundlage von Primär- und Sekundärerhebungen: EDV-gestützte Auswertung vorhandener Einwohnermeldeunterlagen, mündliche Einwohnerbefragungen zur Lebenssituation in ausgewählten räumlichen Einheiten und ausgewählten Altersgruppen, Infrastrukturkataster.
ERGEBNISSE:
Mittel- und langfristig ist ein starker Bevölkerungsrückgang durch Sterbeüberschüsse und Wanderungsverluste zu erwarten, bei großen Unterschieden zwischen den Teilräumen des Landkreises. Die mittelfristig als Folge des Geburtenrückgangs zu erwartende Entspannung auf dem Arbeitsmarkt gibt dem Landkreis und den Gemeinden die Chance, durch eine Verbesserung der lebensräumlichen Attraktivität die Abwanderung insbesonders junger Menschen zumindest deutlich zu verringern und damit den Bevölkerungsrückgang abzubremsen.

Projektzeit: 10.87 – 09.89

Bearbeitung:
Institut für Entwicklungsplanung und Strukturforschung GmbH,
Hannover(Ausf.Stelle)
Thebes, Manfred, Dipl.-Volksw.(Proj.-Leit.); Tovote, Uwe,
Dipl.-Math.(Bearb.); Ruther-Mehlis, Alfred, Dipl.-Ing.(Bearb.)
8811-000269

244 Altern und gesellschaftliche Entwicklung. Theoretische und empirische Untersuchungen zur Gegenwart und Zukunft des Alterns aus multidisziplinärer Perspektive.

Zum Thema "Altern und Gesellschaftliche Entwicklung" sollen Orientierungs- und Handlungswissen über das Alter und die immer älter werdende Gesellschaft erarbeitet und eine empirische Studie über alte und hochbetagte Menschen in Berlin durchgeführt werden. Diese sogenannte Berliner Alterssudie (BASE) hat drei Schwerpunkte. Sie ist multidisziplinär in Konzeption (Innere Medizin und Geriatrie, Psychiatrie, Psychologie, Soziologie und Sozialpolitik), sucht nach Repräsentativität in der Stichprobe (N=600) und setzt den Schwerpunkt auf das hohe Alter (70–100 Jahre). Den an der Berliner Altersstudie beteiligten Forschungseinheiten gemeinsam sind vier theoretische Orientierungen (differentielles Altern, Kontinuität vs. Diskontinuität, Kapazitäts- und Handlungsreserven, Altern als systematisches Phänomen) und drei prototypische Fragestellungen (Vorhersagbarkeit von Altersdifferenzen, multidisziplinäre Verknüpfungen).
METHODEN:
Erarbeitung eines Perspektivenbandes "Zukunft des Alters und gesellschaftliche Entwicklung"; Durchführung der empirischen Altersstudie.

Projektzeit: 06.89 – 11.93

Bearbeitung:
Akademie der Wissenschaften zu Berlin, Arbeitsgruppe Altern und
Gesellschaftliche Entwicklung(Ausf.Stelle)
Baltes, P.B., Prof. Dr.(Bearb.)
8912–000239

245 Analyse der mittel- und langfristigen Bevölkerungsentwicklung im Landkreis Vechta. Auswirkungen auf kommunalpolitische Handlungsfelder.

Ziel der Untersuchung ist das Aufzeigen der mittel- und langfristig im Landkreis Vechta zu erwartenden Veränderungen von Bevölkerungszahl und -struktur und der Folgerungen für kommunalpolitisches Handeln. Vor dem Hintergrund der großräumig zu erwartenden Entwicklung muß der Landkreis seine eigenen Entwicklungsperspektiven und die seiner Teilräume (Gemeinden, Ortsteile) erkennen, um die eigenen politischen Handlungsspielräume ausschöpfen zu können. Die z.Z. erkennbaren Tendenzen der Entwicklung von Bevölkerungszahl und -struktur können dem Landkreis und seinen Gemeinden als Grundlage für Maßnahmen zur Verbesserung der lebensräumlichen Attraktivität und damit auch zur Beeinflussung der zukünftigen Bevölkerungsentwicklung dienen.
METHODEN:
Bevölkerungsvorausschätzung mit einem Modell zur kleinräumigen Bevölkerungsvorausschätzung mit Hilfe von Geburten, Sterbefällen, Zu- und Fortzügen. Die Annahmen zur zukünftigen Entwicklung insbesondere der Wanderungen werden aus einer Analyse der lebensräumlichen Attraktivität des Landkreises und seiner Teilräume gewonnen, die Ergebnisse der Vorausschätzung in einem Korridor der wahrscheinlichen Bevölkerungsentwicklung dargestellt.

Projektzeit: 10.89 – 07.90

Bearbeitung:
Institut für Entwicklungsplanung und Strukturforschung GmbH,
Hannover(Ausf.Stelle)
Thebes, Manfred, Dipl.–Volksw.(Proj.–Leit.); Tovote, Uwe,
Dipl.–Math.(Bearb.); Ruther–Mehlis, Alfred, Dipl.–Ing.(Bearb.)
8912–000251

246 Ausländer und Aussiedler in niedersächsischen Kleinstädten.

Für die niedersächsischen Kleinstädte wird untersucht,
welche räumlichen und sozioökonomischen Effekte sich aus
der Zuwanderung von Ausländern sowie Aus– und
Übersiedlern ergeben und welcher kommunalpolitischer
Handlungsbedarf sich zur Förderung der Integration dieser
Personengruppen entsteht. Im einzelnen werden folgende
Aspekte untersucht: 1. quantitative und qualitative sowie
räumliche Erfassung der Zuwanderung in Niedersachsen
(ausländische Arbeitnehmer, Aus–, Um– und Übersiedler,
Familienzusammenführung), 2. Art und Weise sowie Grad
der Etablierung bzw. Integration dieser
Bevölkerungsgruppen in niedersächsischen Kleinstädten),
3. ablaufende Prozesse in Klein– und Großstädten im
Vergleich, 4. Typen von Kleinstädten (bis 40.000 Ew.) und
ihre Bedeutung für die Landesentwicklung in
Niedersachsen, 5. öffentliche, private und kommunale
Instrumente und Maßnahmen zur Integrationsförderung in
Kleinstädten, 6. Entscheidungshilfen für den kommunalen
Handlungsbedarf im Bereich der Integrationsförderung.
METHODEN:
Empirische Untersuchung auf der Grundlage von Primär–
und Sekundärerhebungen: Literatur– und
Sekundäranalyse, schriftliche und mündliche Befragungen,
Akten– und Dokumentenanalyse, teilnehmende
Beobachtung.

Projektzeit: 08.89 – 08.91

Bearbeitung:
Köpper, Petra-Monika, Dipl.-Geogr.(Bearb.)
9013-000001

247 Bevölkerungsentwicklung – Bevölkerungsprognosen Wiesbaden 1970-2010.

Die demographische Entwicklung in Wiesbaden
1970-1989, die einzelnen Komponenten der
Bevölkerungsentwicklung (Fruchtbarkeit, Sterblichkeit,
Wanderungen) und ihre Einflußfaktoren werden differenziert
analysiert, und es werden Bevölkerungsprognosen für die
Stadt 1989-2010 (Status-quo-Prognosen,
Trendszenarien) mit unterschiedlichen Ausgangsdaten und
Annahmen erarbeitet.
METHODEN:
Sekundäranalyse; Status-quo-Prognose
(Komponentenansatz); Trendszenario (Komponentenansatz
mit zusätzlichen Annahmen und externen Einflußfaktoren).

Projektzeit: 01.90 – 12.90

Bearbeitung:
Wiesbaden, Amt für Wahlen, Statistik und Stadtforschung(Ausf.Stelle)
Simon, Karl-Heinz, Dipl.-Soz.(Proj.-Leit.); Brennecke, Julia, Dr.(Bearb.)
9013-000195

Register

Die folgenden Register verweisen auf die laufenden Nummern der Hinweise aus den Datenbanken RSWB, BAUFO, FORS und BODO.

Die Hinweise in dem ICONDA– und MONUDOC–Anhang (falls vorhanden) sind durch diese Register nicht erschlossen.

Sachregister

Dezentralisation 25, 60, 81, 104, 185
Disparität 115

EDV-Einsatz 86
EDV-Programm 82
EG 11, 61, 170
Einkommen 57, 105
Einwanderung 85, 152
Elitestruktur 6, 165
Empirische Sozialwissenschaft 46, 73, 146
Entwicklungsland 24, 57, 62, 66, 99, 101, 123, 134, 145,
   146, 151, 184
Erhebung 12, 28, 32, 59, 79, 111, 146, 155, 157, 171, 207,
   208, 211, 230, 234
Erhebung/analyse 127
Erhebung/Analyse 96, 127, 180

Familienpolitik 26, 150, 186
Finanzierung 33
Flächenbedarf 108, 141
Fortzug 12, 116, 158, 171
Freizeit 28, 46, 144
Funktionsverlust 69, 147

Gastarbeiter 53
Geburten 10, 19, 139, 169
Gegensteuerung 135
Gegenstromprinzip 25
Gemeindegebietsreform 52, 60
Gemeindetypologie 181
Gesundheitswesen 29, 75, 146

Industrialisierung 145, 146
Industrie 18, 46, 177
Industriestandort 141, 145
Infrastrukturauslastung 92, 131
Infrastrukturbedarf 128, 133
Integration 63, 83, 85, 97, 98, 158

Investitionsverhalten 69, 70

Jugendpolitik 26, 186

Kirche 43
Kommunale Entwicklungsplanung 54, 140
Kommunale Wirtschaftspolitik 70
Kommunale Wohnungspolitik 68
Kommunaler Wohnungsbau 100
Kommunalstatistik 30, 31, 67, 82, 86, 122
Kriminalität 116
Kultur 29, 50, 75, 143

Ländervergleich 27, 81
Ländlicher Raum 19, 28, 55, 66, 180
Landesentwicklungsplanung 1, 161
Landflucht 99, 107, 108
Lebensqualität 73, 78

Messung 73
Mittelstadt 79, 155, 157
Mobilität 72, 83, 105, 125, 132, 144

Ökologie 25, 48, 101

Partei 6, 61, 64, 165, 172
Pilotstudie 68, 70
Planungsgrundlage 71, 138
Planungsideologie 149
Planungsprozeß 14, 121, 124, 125, 149, 174
Planungstheorie 102, 142
Politik 23, 92, 95, 97, 100, 102, 104, 120, 123, 142, 149, 181
Problemraum 99, 123, 141
Prognose 1, 67, 71, 82, 91, 92, 122, 144, 161
Prognosemethode 156, 207

Raumordnung 1, 24, 25, 102, 120, 123, 144, 161, 184, 185
Raumordnungspolitik 11, 14, 144, 170, 174
Regionale Disparität 25, 32, 115, 185
Regionalentwicklung 69, 77, 94, 133
Regionalplanung 24, 25, 77, 81, 110, 128, 141, 184, 185, 196
Regionalwirtschaft 24, 133, 141, 184

Sanierung 36, 54, 117, 121
Segregation 16, 48, 63, 125, 152, 159
Selbsthilfe 66, 107, 108
Siedlungsgeographie 13, 15, 18, 173, 175, 177
Siedlungsstruktur 8, 18, 23, 37, 38, 39, 45, 58, 60, 92, 101, 103, 116, 118, 123, 129, 134, 167, 177, 180
Sozialer Wohnungsbau 102
Sozialgeographie 18, 33, 112, 177, 216, 227, 228
Sozialgeschichte 55, 89, 190
Sozialgruppe 50, 132, 158, 159
Sozialinfrastruktur 22, 56, 65, 119, 182
Sozialökologie 72, 117, 137, 198, 206
Sozialpolitik 22, 36, 63, 182
sozialräumliche Gliederung 234
Sozialräumliche Gliederung 47, 158, 198
Sozialverhalten 40, 46, 48, 50, 83
Soziologie 36, 39, 44, 46, 48, 49, 180, 198, 210
Stadt-Land-Beziehung 62
Stadt-Land-Beziehungen 55, 81
Stadtentwicklungsplanung 7, 22, 27, 29, 36, 42, 49, 51, 54, 69, 77, 84, 121, 125, 142, 144, 147, 166, 182, 185, 194, 197, 223
Stadterweiterung 110, 125, 129, 145
Stadtforschung 48, 68, 69, 70
Stadtkultur 50
Stadtökonomie 37, 41
Stadtrand 107, 108, 135
Stadtrandsiedlung 107, 108, 135
Stadtsoziologie 3, 6, 16, 37, 48, 53, 60, 63, 85, 117, 165, 198
Stadtstruktur 33, 39, 58, 60, 61, 79, 84, 128, 134, 157, 227, 234, 238, 241
Stadtumland 7, 20, 22, 28, 49, 54, 68, 69, 70, 132, 166, 178,

Personenregister

Adams,John S. 115
Alles,Roland 197

Bähr,Jürgen 34
Baldermann,Udo 5, 164
Baltes,P.B. 244
Baltzer,Klaus 131
Bannwart,Louis 136
Bensch,D. 200
Bick,Wolfgang 64
Birreck,Manfred 223
Blumenthal,Thomas 52
Böttcher,Hartwig 13, 15, 173, 175
Bolte,K.M. 46
Borowitzki,Wolfgang 213
Boyden,Stephen 101
Brech,Joachim 45
Brekelmans,Henri 144
Brennecke,Julia 247
Brockstedt,Jürgen 205
Brög,Werner 222
Bständig,Gerhart 79, 157
Bürcher,Beat 100
Bulwien,Hartmut 211
Burkhardt-Osadnik,Lucie 188
Buse,Michael 92

Celecia,John 101
Clässen,Harrie 236
Clark,W.A.V. 113
Clavel,Pierre 74
Congdon,Peter 156
Cortie,C. 102

Daheim,H. 46
Danermark,Berth 159

Heberle,R. 46
Heckmann,Wilhelm 213
Heessels,Jos 144
Hellstern,Gerd-Michael 68, 195, 215
Hentze,Hans-Wilhelm 225
Herde,Hans 217
Herlyn,U 36
Heruday,Peter 230
Heruday,Ruth 230
Höpker,Wolfgang 58
Hofbauer,Ernst 53
Horstmann,K. 46
Hoselitz,B.F. 46
Huff,James O. 113
Hughes,Mark Alan 158
Hummell,H.J. 46
Huth,Albert 180

Ihlenfeldt,Burkhard 105

Jacob,Joachim 72
Jacobson,Tord 159
Jones,Richard C. 112
Jung,Roland 47
Junker,Rolf 207

Kaczmarczyk,Armando 121
Kahimbaara,J.A. 134
Kaiser,Klaus 191
Kaufmann,Albert 79, 157
Kausel,Teodoro 24, 184
Klaassen,Leo H. 41
Kleinbrink,Gerhard 196
Klemmer,Paul 202
Kneer,Martin 91
Koch,Dagmar 194, 204
König,Jürgen 212
König,Karl 4, 163
König,Rene 46

Michel,Dieter 9, 168
Miodek,Wolfgang 228
Misra,R.P. 145
Mölle,Peter 93
Möllers,Franz-Horst 213
Möwes,Winfried 118
Mohs,Gerhard 114
Monheim-Dandorfer,Rita 204
Mooser,Josef 89, 190
Müller-Späth,Dieter 219, 220
Müller,Günter 154

Naumann,Ulrich 30, 122
Nebe,Johannes Michael 152
Neumann,Karl-Heinz 222
Neurohr,W. 14, 174
Nicolini,Gert 229

Oberbeck,Gerhard 221
Oladoja,Ayoade 151
Ordemann,Hans-Joachim 10, 169
Ossweld,Albert 215
Ottensmann,John R. 119
Ottmann,Paul 150

Pazienti,Massimo 147
Peschel,Roland 224, 232
Pessek,Robert J. 124
Petri,A. 127
Pflanz,M. 46
Pohlmann,Günter 193
Preis,Reinhard 125
Prünte,V. 111

Rainford,P. 149
Rambalski,Birgitt 28
Rauch,Paul 2, 162
Rehn,Erich 97

Rehsöft,Fritz 194, 204
Reich,Doris 207
Rex,John 63
Roghmann,K. 46
Rohner,Jürg 132
Rokkan,S. 46
Roppelt,Gerd 71
Rosenmeyer,L. 46
Rossi,Angelo 90
Rottes,Vera 233
Rückert,Gerd-Rüdiger 92
Ruther-Mehlis,Alfred 243, 245
Ruther,Alfred 77

Sabais,Heinz Winfried 42
Sack,F. 46
Sauberzweig,Dieter 140
Scherhorn,G. 46
Scherrer,Hans U. 129
Scheuch,E.K. 46
Schiessl,Richard 241
Schilling,Heinz 28
Schlander,Otto 43
Schneider,Roland 207
Schnurr,Hans-Ewald 221
Schreiber,Helmut 195, 237
Schütz,Martin W. 206
Schütz,Thorsten 213
Schulte,Lothar 214
Schwarz,Karl 17, 19, 21, 92, 176, 179
Schwertner,Bernhard 231
Selke,Welf 11, 92, 170
Shapiro,Perry 113
Siewert,Hans-Joerg 6, 165
Simon,Karl-Heinz 247
Smith,Terence R. 113
Stäsche,Manfred 87, 88, 187, 189
Stark,Ulrich 237
Stellwag,Klaus 82
Stich,Walter 143
Strohmeier,Klaus-Peter 40

Sudek,Rolf 192
Swanson,Bert E. 181
Szynka,Siegfried 212

Tessin,W. 36
Thebes,Manfred 243, 245
Thibodeau,Jean-Claude 130
Thieme,Karin 33
Thieme,Werner 52
Thissen,Wolfgang 235
Thomas,Wilfrid 139
Tovote,Uwe 243, 245
Tressel,R. 234
Tri Dung,Mguyen 145

Ültzen,Werner 137
Uhl,Bernhard 216

Vaskovics,Laszlo A. 137
Ven,J. van de 102
Vock,Rainer 215
Voltenauer-Lagemann,Michaela 56, 231
Vries,Mariette De 116

Walk,Wim 144
Walker,D. 200
Wawrzinek,Stephan 215
Weiler,Joachim 208
Weinberger,Bruno 94
Wendt,G. 36
Willmann,Thomas 234
Wimmer,Sigmund 148
Windhausen,Lucas 144
Winkel,Rainer 133
Wnuck,Bernd 28
Wnuck,Gabriele 28
Wollmann,Hellmut 68, 195, 215
Wortmann,Wilhelm 110

Zerweck,Peter 22, 182

Institutionenregister
* hierbei handelt es sich um planende Institutionen

Akademie der Wissenschaften zu Berlin, Arbeitsgruppe
    Altern und Gesellschaftliche Entwicklung 244
Akademie für Raumforschung und Landesplanung
    -ARL-, Forschungsausschuss Raum und Bevölkerung,
    Hannover 4, 5, 17, 163, 164, 176
Akademie für Raumforschung und Landesplanung
    -ARL-, Hannover 25, 185

Baden-Württemberg, Minister für Arbeit, Gesundheit,
    Familie und Sozialordnung, Stuttgart 56
Berlin/West, Senator für Stadtentwicklung und
    Umweltschutz 219, 220, 237
Berlin/West, Senatskanzlei, Planungsleitstelle 12, 171
Berlin/West, Statistisches Landesamt 44, 219
Bochum, Amt für Statistik und Stadtforschung 213
Bochum, Arbeitsgruppe Stadtentwicklungsplanung 213
Bochum, Planungsamt, Abteilung Stadtentwicklung 213
Bonn, Stadtplanungsamt 194, 204
Braunschweig, Referat für Stadtentwicklung 238
Bundesforschungsanstalt für Landeskunde und
    Raumordnung -BfLR-, Bonn 32, 59

Church of England, Central Board of Finance, London 65

Darmstadt, Presse- Und Informationsamt 42
Deutscher Landkreistag, Bonn 59
Deutscher Städte- und Gemeindebund -DSTgb-,
    Düsseldorf 26, 186
Deutscher Städtetag -DST-, Köln 54
Deutscher Verband für Wohnungswesen, Städtebau und
    Raumplanung e.V., Landesgruppe Nordrhein-Westfalen,
    Düsseldorf 1, 161
Dortmund, Amt für Statistik und Wahlen 240, 242
Duisburg, Amt für Statistik und Stadtforschung 214

European Science Foundation -ESF-, Strasbourg 63
Evangelische Akademie, Loccum 8, 9, 167, 168

FORSA Gesellschaft für Sozialforschung und Statistische
    Analysen mbH, Dortmund 83
Frankfurt/Main, Dezernat Planung, Amt für kommunale
    Gesamtentwicklung und Stadtplanung 76
Freiburg/Brsg., Amt für Statistik und Einwohnerwesen 234
FU Berlin, Zentralinstitut für Sozialwissenschaftliche
    Forschung – Verwaltungsforschung 195, 215
FU Berlin, Zentralinstitut für Sozialwissenschaftliche
    Forschung, Arbeitsbereich Wirtschafts-
    und Sozialgeschichte 205
Fürth, Stadtentwicklungsamt 224, 232

Gesellschaft für Zukunftsfragen e.V. -GZ-, Institut für
    Zukunftsforschung GmbH -IFZ-, Berlin/West 223
Gesellschaft Zur Förderung Regionalwissenschaftlicher
    Erkenntnisse e.V., Göttingen 13, 15, 173, 175

Hannover/Kreis, Kommunalaufsichtsamt, Abteilung Wahlen
    und Statistik 80
Hannover, Referat für Stadtentwicklung 203, 226
Hannover, Referat für Umweltschutz und Stadtentwicklung
    239
Hannover, Statistisches Amt 80

Institut für Entwicklungsplanung und Strukturforschung
    GmbH, Hannover 243, 245
Institut für Stadt- und Regionalentwicklung,
    Hofheim/Taunus 196, 199

Karlsruhe, Planungsstab für Stadtentwicklung 208
Köln, Statistisches Amt 172
Krefeld, Amt für Statistik und Stadtentwicklung 235
Kulturpolitische Gesellschaft e.V., Hagen 50

United Nations −UN−, Department of Economic and
Social Affairs, New York/N.Y. 57
United States, Urban And Regional Policy Group −Urpg−
37
Univ. Augsburg, Naturwissenschaftliche Fakultät,
Geographie, Lehrstuhl für Sozial−
und Wirtschaftsgeographie 33
Univ. Bayreuth, Fakultät für Biologie, Chemie und
Geowissenschaften, Institut für Geowissenschaften 71
Univ. Bremen, Wissenschaftliche Einheit Stadt−
und Sozialforschung 84
Univ. Dortmund, Institut für Raumplanung −IRPUD− 22,
182, 207
Univ. Frankfurt/Main, Institut für Kulturanthropologie und
Europäische Ethnologie 28
Univ. Hamburg, Institut für Geographie
und Wirtschaftsgeographie 221
Univ. Mainz, Institut für Soziologie 192
Univ. Münster/Westf., Institut für Siedlungs− und
Wohnungswesen 24, 184
Univ. Trier 73

Verband Deutscher Städtestatistiker −VDSt−, Ausschuss
Wahlforschung, Hamburg 61
Verband Deutscher Städtestatistiker −VDSt−, Hamburg 67
Verband Deutscher Städtestatistiker −VDSt−, Kiel 2, 162

Wiener Volkspartei, Dr. Karl Lüger−Institut 53
Wiesbaden, Amt für Wahlen, Statistik und Stadtforschung
247

Zweckverband Großraum Hannover, Sachgebiet für Statistik,
EDV und Regionalforschung 80

Ortsregister

Ägypten 107
Amsterdam 85, 102
Argentinien 153
Arnsberg/Regierungsbezirk 49
Augsburg 33
Augsburg/Raum 4, 163

Baden-Württemberg 6, 55, 56, 68, 69, 70, 165, 191, 195,
    200, 208, 210, 215, 216, 228, 230, 234
Barcelona 63
Barnsley 149
Basel/Raum 132
Bayern 4, 29, 33, 51, 55, 60, 85, 137, 163, 180, 211, 217,
    224, 232, 241
Belgien 63
Berkeley 74
Berlin 12, 72, 171, 193, 219, 220, 222, 223
Berlin/West 231, 237, 244
Birmingham 63
Bochum 196, 199, 202, 213, 227
Bologna 121
Bonn 126, 194, 204
Bordeaux 85
Brandenburg 85
Braunschweig 238
Bremen 50, 84, 160, 221
Brüggen 36
Brüssel 63
Burlington 74

Cergy-Pontoise 129
Chile 24, 184
Ciudad Guyana 146
Cleveland 74, 158

Dänemark 205

Schleswig-Holstein 131, 205
Schöneck-Büdesheim 28
Schweden 25, 81, 159
Schweiz 90, 100, 132, 136
Sheffield 149
Siegen 201
South Yorkshire 149
Sowjetunion 27, 183
Spanien 63
Stuttgart 55, 191, 230
Stuttgart/Raum 68, 69, 70, 191, 215

Trier 47

Unterginsbach 55

Vechta/Kreis 245
Venezuela 112, 146
Vereinigte Staaten 3, 27, 37, 39, 60, 73, 74, 96, 115, 117,
    118, 119, 158, 181
Vereinigtes Königreich 63, 65, 81, 117, 141, 149, 156

Washington 117
Westfalen/Ost 89, 190
Wien 53, 85
Wiesbaden 192, 247
Wolfenbüttel/Kreis 243

Zaisenhausen 55
Zürich 100